'Yr Hen Bant'

YSGRIFAU AR WILLIAMS PANTYCELYN

GLYN TEGAI HUGHES

gyda chyflwyniad gan Derec Llwyd Morgan

Argraffiad cyntaf: 2017

© Hawlfraint Ystad Glyn Tegai Hughes a'r Lolfa Cyf., 2017

Cynllun y clawr: Y Lolfa

Rhif Llyfr Rhyngwladol: 978 1 78461 501 7

Cyhoeddwyd, rhwymwyd ac argraffwyd yng Nghymru gan
Y Lolfa Cyf., Talybont, Ceredigion SY24 5HE
gwefan www.ylolfa.com
e-bost ylolfa@ylolfa.com
ffôn 01970 832 304
ffacs 832 782

Cynnwys

Rhagair

AR AWGRYM YR Athro E. Wyn James y penderfynodd Cymdeithas Emynau Cymru y dylid llunio'r gyfrol hon. Trwyddi ceisiwn gyflawni dau beth: yn gyntaf, cyfrannu at ddathlu trichanmlwyddiant geni William Williams, Pantycelyn, prif emynydd Cymru; ac yn ail, anrhydeddu'r cof am y diweddar Glyn Tegai Hughes (1923–2017), a gyfrannodd mor helaeth at ein dealltwriaeth o'r Pêr Ganiedydd. Cesglir ynghyd yn y gyfrol nifer o'i ysgrifau ar agweddau ar waith Williams a ymddangosodd mewn cylchgronau a chyfrolau eraill dros y blynyddoedd.

Roedd diddordeb Glyn Tegai yn Williams a'i waith yn fyw hyd y diwedd. Dechreuodd baratoi papur arno i'w draddodi yn Llanfair Caereinion ar 19 Chwefror 2017, ond ni lwyddodd i'w orffen. Mae'r darn a ddiogelwyd yn dangos ei hiwmor a'i dreiddgarwch:

> Aeth chwarter canrif heibio er y dathliad diwethaf, sef dau ganmlwyddiant marw William Williams yn 1791. Roeddwn i'n digwydd bod yn un o dri siaradwr mewn Ysgol Undydd yn Llanymddyfri, sef y dref fechan agosaf at ffarm Pantycelyn. Y darlithydd cyntaf oedd Eryn White, ysgolhaig ifanc gwych, dibrofiad yr adeg honno. A hithau ar fin codi dyma'r cadeirydd yn gafael yn ei llawes a dweud, er mawr fraw iddi, "Mae Mr Williams, Pantycelyn, wedi cyrraedd." A dyna fy nhestun i heddiw'r bore.

Yna mae'n sôn am y Williams oedd 'wedi cyrraedd' – etifedd chwyldro gwyddonol y ganrif o'i flaen, ond un a welodd, wedi ei argyhoeddiad yn sgil pregethu Howell Harris, fod crefydd naturiol yn annigonol:

Ar ôl Talgarth roedd Williams yn mewnforio trefn yr achub i'r system wyddonol, ac felly'n dod â'i brofiadau, ei freuddwydion, ei obeithion, ei bryderon, i'r emynau y dechreuodd eu canu yn 1742.

Byddai wedi mynd yn ei flaen, mae'n siŵr, i ddatblygu rhai o'r themâu y mae'n eu trin mor gelfydd a deheuig yn yr ysgrifau a grynhoir yn y gyfrol hon. Fe'u cyflwynir yn y ffurf y'u cyhoeddwyd yn wreiddiol, gan dderbyn bod gorgyffwrdd ac ailadrodd yma a thraw. Penderfynwyd cynnwys yr ysgrif olaf, 'Rhyddiaith Pantycelyn', am ei bod yn crynhoi'n hwylus rai o'r themâu a drafodir mewn ysgrifau eraill.

Mae'n dyled yn fawr i Alun Hughes, mab Glyn Tegai, am gefnogaeth barod y teulu i'r fenter; i'r Athro Derec Llwyd Morgan am lunio Cyflwyniad i'r gyfrol; i olygyddion a chyhoeddwyr gwreiddiol yr ysgrifau am eu caniatâd i'w hailgyhoeddi; i'r Lolfa am ymgymryd â'r cyhoeddi; i Lyfrgell Genedlaethol Cymru am ei nawdd hael o Gronfa Ann a Margaret Eilian Owen; ac i Adrannau Diwinyddiaeth a Diwylliant y ddeunawfed ganrif a'r bedwaredd ganrif ar bymtheg Graddedigion Prifysgol Cymru am eu nawdd hael hwythau.

Rhidian Griffiths
Llywydd Cymdeithas Emynau Cymru

Cyflwyniad

Derec Llwyd Morgan

LLAWENYCHAIS PAN GLYWAIS fod y Lolfa, ar gais Cymdeithas Emynau Cymru, yn mynd i gyhoeddi cyfrol o'r ysgrifau a luniodd y Dr Glyn Tegai Hughes ar wahanol agweddau ar waith Williams Pantycelyn. Llawenychais yn rhannol am fod yr ysgrifau yn haeddu cael eu corlannu, yn rhannol hefyd am fod y Dr Hughes yn haeddu cofadail o'r fath. Yr oedd yn ysgolhaig, yn hanesydd syniadau ac yn feirniad llenyddol o bwys. Ond pan fu farw ym mis Mawrth eleni, ar drichanmlwyddiant geni un o'i brif arwyr, ychydig iawn o sôn a fu am ei gyfraniadau gwerthfawr i ddysg Gymraeg ac i fywyd cyhoeddus Cymru. Y mae cyhoeddi'r gyfrol hon yn rhyw iawn am hynny.

Pan benodwyd ef yn Warden Gregynog ganol chwedegau'r ganrif ddiwethaf y cyfarfûm ag ef gyntaf. Er mwyn ymgymryd â'r swydd honno, rhoes y gorau i'w ddarlithyddiaeth ddifyr mewn llenyddiaeth gymharol ym Mhrifysgol Manceinion. Yr oedd tasg fawr o'i flaen. Yr oedd eisiau sefydlu, o ddim, ganolfan breswyl academaidd-ddiwylliadol newydd sbon i Brifysgol Cymru ym Maldwyn. Ond yr oedd y Dr Hughes yn gyfarwydd â chyflawni tasgau anodd cyn dod i'w swydd newydd. Rhwng 1942 a 1946 bu'n uwchgapten gyda'r Ffiwsilwyr Brenhinol Cymreig. Ar ôl y Rhyfel graddiodd mewn Ieithoedd Modern yng Nghaergrawnt, enillodd ddoethuriaeth ar awduron Rhamantaidd o'r Almaen, a bu'n *Lektor* ym Mhrifysgol Basel. At hynny, bu'n ymgeisydd seneddol yn Ninbych ar ran y Blaid Ryddfrydol mewn tri o'r etholiadau cyffredinol a gynhaliwyd yn ystod y 1950au (yr oedd yn y Swistir yn ystod etholiad 1951). Yn etholiad 1950, o gael gogwydd bychan yn y bleidlais oddi wrth y Rhyddfrydwyr Cenedlaethol (a gefnogai'r Torïaid) tuag ato ef, daethai Glyn Tegai yn Aelod Seneddol. A phetai hynny wedi digwydd nid y Glyn Tegai y daethom i'w adnabod a'i barchu a fuasai, ac yn bendifaddau ni ddaethai Gregynog yr hyn ydoedd o dan ei arweiniad ef.

Yn ei *Harris tweed* a'i *cavalry twill*, gyda'i Saesneg cain a'i Gymraeg cyfoethog, a chyda'i feddwl llydanwedd, ei urddas a'i foneddigeiddrwydd, rhwng 1964 a 1989, daeth Glyn Tegai Hughes i lwyr bersonoli Gregynog. Ef a ddatblygodd y llyfrgell wych sydd yno; ef a feithrinodd gymeriad ac awra celfyddydol hen gartref nobl Margaret a Gwendoline Davies; ac ef yn y saithdegau a sicrhaodd nawdd i gael yr hen wasg i argraffu eto. Y llyfr cyntaf a gyhoeddodd Gwasg Gregynog (yn hytrach na'r Gregynog Press, fel y'i gelwid gynt) oedd *Laboratories of the Spirit* R. S. Thomas. Nid gormodiaith yw honni bod y lle ei hun erbyn hynny yn labordy'r ysbryd, o dan arweiniad y Warden yn cynnal cynadleddau, arddangosfeydd o weithiau celf, gwyliau cerddorol, darlithoedd, &c. – digwyddiadau yr oedd ef ei hun yn eu mynychu'n rheolaidd ac yn cyfrannu'n hael iddynt.

Heblaw'r Brifysgol, gwasanaethodd nifer o sefydliadau pwysig eraill Cymru. Bu'n aelod o Gyngor Celfyddydau Cymru am flynyddoedd lawer, fel y bu, eto am flynyddoedd lawer, yn Is-Lywydd Cymdeithas Gelfyddydau'r Gogledd. (Bu'r Cyngor yn noddwr da i'r Wasg am gyfnod, ond tynnodd ei nawdd yn ôl ganol y nawdegau am ei fod o'r farn wyrgam fod cynnal gwasg argraffu gain yn elitaidd. Wrth reswm pawb, gwylltiodd hynny'r Dr Hughes yn arw. Yn ei farn ef, diben dysg, a'r wasg hithau, oedd meithrin y cof cyfannol ac annog pobl i geisio rhagoriaeth ym mhob dim.)

Er iddo wasanaethu ym maes y celfyddydau, ym maes darlledu y cafwyd ei gyfraniadau mwyaf sylweddol ac arwyddocaol. Rhwng 1971 a 1979 ef oedd Llywodraethwr Cymru'r BBC, ac ef, yn y blynyddoedd anodd a arweiniodd at sefydlu sianel deledu Gymraeg, a ysgrifennodd y papur a sefydlodd bolisi synhwyrgall y Gorfforaeth Ddarlledu Brydeinig tuag at S4C. Deallodd – a dywedodd – fod a wnelo'r sianel honno nid yn unig â darlledu fel y cyfryw ond 'â'r hyn sy'n ganolog i fywydau hanner miliwn o bobl'. Pan sefydlwyd Channel Four yn 1980 penodwyd Glyn Tegai i'w bwrdd fel yr Aelod tros Gymru, a'r flwyddyn ddilynol daeth yn aelod *ex officio* o Awdurdod S4C. Megis y bu yn y saithdegau yn gyswllt rhagorol rhwng y BBC yn Llundain a'r BBC yng Nghaerdydd, rhwng 1981 a 1987 bu o gymorth mawr i sefydlu perthynas waith ragorol rhwng Sianel 4 a'r sianel Gymraeg newydd. Yr oedd ar waith yma ei ddoniau diplomyddol, ei resymoledd, ei huodledd mewn trafodaethau, ei wladgarwch, a'i ddycnwch.

Yr oedd rhai o'r doniau hyn yn ei natur; meithrinwyd eraill ar yr aelwyd y maged ef arni. Mab y mans ydoedd, y mans Methodistaidd, y mans Wesleaidd, cofier, ffyddlon ym mhob rhyw fodd, a ffraeth hefyd, fel llawer o wŷr da'r pulpud. Er nad aeth i'r weinidogaeth, bu'n bregethwr lleyg am y rhan fwyaf o'i oes hir, ac yn ddarllenwr mawr a manwl ym maes diwinyddiaeth fel mewn llenyddiaeth. Nid wyf yn gymwys i drafod ei lyfrau a'i erthyglau ar lenyddiaeth yr Almaen, ond y mae'n bwysig nodi iddo gyfrannu cryn dipyn i hanes a beirniadaeth yng Nghymru. Ar ôl iddo ymsefydlu yng Ngregynog gyda Margaret ei wraig a David ac Alun ei feibion, ac wedyn ar ôl iddo ef a'i wraig ymddeol i Dregynon gerllaw, bu'n gweithio'n astud dros ben, ac yn cyhoeddi, ar hanes pobl a llefydd Powys. Yn wir, y mae'r defnyddiau a gasglodd ar hanes Powys yn bur swmpus. Ei lyfr mwyaf nodedig yn y maes arbennig hwn yw ei olygiad o Fywyd Thomas Olivers, y plentyn amddifad o Dregynon a gafodd yn ei ieuenctid ofer dröedigaeth o dan bregethu George Whitefield ym Mryste. Yn ei stad newydd dymuniad Olivers oedd dod yn un o bregethwyr Whitefield. Ond – a rhaid bod hyn wedi cynhesu calon Glyn Tegai'r Arminiad – anogwyd ef gan rai pobl a ddadrithiwyd gan Whitefield i fynd yn bregethwr yn hytrach i John Wesley! Os Olivers oedd y pregethwr Wesleaidd cyntaf o bentref bach Tregynon, gobeithio nad ei olygydd fydd yr olaf.

Yn y Gymraeg, ei waith ysgolheigaidd disgleiriaf yw *Islwyn*, 2003, cyfrol aruthrol ysblennydd a gyhoeddodd y Dr Hughes pan oedd yn bedwar ugain oed – ond, wrth gwrs, ffrwyth blynyddoedd maith o ddarllen a meddwl ydyw. Dyma'r astudiaeth orau a gafwyd erioed o feddwl a dychymyg y bardd o Fynwy, a'r astudiaeth orau o'i gymeriad hefyd, ei 'fywyd mewnol', ys mynn yr awdur. Un o'i chanfyddiadau yw dylanwad 'y Beirdd Ysbeidiol (y "Spasmodics")' ar Islwyn, beirdd Saesneg eilradd a lurguniodd Ramantiaeth bwerus y ddeunawfed ganrif a dechrau'r bedwaredd ganrif ar bymtheg nes ei bod hi'n ddim ond gwegi trosgynnol. 'Hanfod eu cred esthetig oedd ystyried emosiynau digymell y bardd yn adlewyrchiad o ysbrydiaeth ddwyfol,' ebe Glyn Tegai, a dyna, wrth gwrs, y gred esthetig a fabwysiadodd Islwyn ei hun. Y mae'n amlwg fod yr awdur yn hollol gyfarwydd â chyfrolau'r mân feirdd-athronwyr y cyfeiria atynt, Philip James Bailey, Sydney Dobell, Alexander Smith, a gweithiau'r beirniad George Gilfallan. Tystiolaeth i'w bybyrwch ysgolheigaidd yw hyn, i'w barodrwydd onid yn wir i'w hoffter o chwilio'n ddyfal mewn conglau cudd am wybodaeth newydd. A chofier iddo wneud y gwaith heb frawdoliaeth a chwaeroliaeth adran academaidd mewn coleg, a heb lyfrgell ar garreg ei ddrws ac eithrio'i gasgliad o lyfrau tra helaeth ef ei hun. Ei gymhelliad, cymhelliad mewnol ydoedd, cymhelliad y gwir ysgolhaig a fynn wybod pethau ac a fynn eu rhannu ag eraill.

Ugain mlynedd ynghynt cyhoeddasai ei gyfrol Saesneg ar Williams Pantycelyn yn y gyfres *Writers of Wales*, astudiaeth ardderchog arall sy'n tystio i'w ddarllen manwl, esoterig weithiau, ac, mewn gwrthgyferbyniad i hynny, sy'n tystio hefyd i'w wybodaeth eang o wahanol agweddau ar ddiwinyddiaeth a llên y cyfnod modern cynnar. Pwy arall a ddywedai am 'dôn ymddiddanol' *Llythyr Martha Philopur* ac *Atteb Philo Evangelius*: 'It has less style than Jonathan Edwards but perhaps more bite, less subtlety and scholarship than Wesley but more drive'? Gan ardderchoced y sylwadau a chan bwysiced y pwyntiau a wna am y dylanwadau ar Williams (Piwritanaidd gan mwyaf, ym marn y Dr Hughes) ac ar ei feddwl a'i ddychymyg oll, y mae fy nghopi i o'r llyfr wedi'i dicio drwyddo, a dychwelaf ato'n rheolaidd. Y mae'r ysgrifau a gesglir yn y llyfr newydd hwn yn gyhoeddiadau hwyrach na'i gyfrol Saesneg, a diau mai ei waith ar honno a'i sbardunodd i gyhoeddi rhagor ar Williams.

Delweddau Pantycelyn

Dring, fy enaid i'th orffwysfa
  Uwch y gwynt tymhestlog o'r;
Maes o sŵn rhuadau'r llewod,
  Maes o gyrraedd tonnau'r môr ...

NID YW'R LLINELLAU'N anghyfarwydd; fe'u ceir yn y rhan fwyaf o lyfrau emynau. 'Iesu, Ti wyt ffynnon bywyd' yw llinell agoriadol y pennill cyntaf, ac fe'i cynhwyswyd gan Bantycelyn ym mhedwerydd argraffiad *Môr o Wydr* yn 1773. Ond, er mor gyfarwydd y geiriau, y mae'r delweddau yn rhai od iawn o'u hystyried yn sobr. Delweddau Beiblaidd sydd yma, wrth gwrs, ond y maent wedi eu cyplysu ag ysgogiadau personol, fel bod traddodiad a phrofiad, tylwyth ac unigolyn, ystrydeb a chyffro yn cyd-weu. Nid corff o ddiwinyddiaeth sydd yn emynau Pantycelyn ond corff o brofiad, nid athrawiaethau ond tystiolaeth. Fe ellir olrhain syniadau diwinyddol yn y casgliadau, wrth gwrs, ac fe geir darlun gweddol glir o deithi meddwl y diwygwyr o ddarllen cyfanrwydd y gwaith. Ond profiad yw'r man cychwyn.

Fe glywodd Harris bregeth gan Bantycelyn ym mis Chwefror 1743 ar y wraig â blwch o ennaint, a dyma'r nodyn yn ei ddyddiadur: 'Bro. Williams preached on Luke 7. 47: he showed the difference between Xt. in the head and Xt. in the heart . . . My soul was inflamed with love in listening.' Crefydd yn y galon, felly, ond yn ei mynegi ei hun yn iaith y Beibl. Ni fyddai'r ddeunawfed ganrif yn gweld dim o'i le yn y syniad o ddefnyddio delweddau ac ieithwedd gyffredin, fformiwläig i amlygu profiadau mewnol, personol. Uchelgais ddiweddarach, canlyniad y mudiad Rhamantaidd, oedd yr awydd am arbenigrwydd, yr ymdeimlad mai ffuantus neu lwydaidd oedd dibynnu ar ffurf mynegiant rhywun arall.

Yn wahanol iawn i hyn roedd esthetegwyr Protestannaidd yr unfed a'r ail ganrif ar bymtheg, wrth ymboeni i egluro sut y gallai dyn syrthiedig gyfleu gwirioneddau aruchel Duw, yn uniaethu gwirionedd cyffredinol yr Ysgrythurau â gwirionedd y mynegiant, â'r iaith ei hun. Iaith y Beibl oedd iaith gwirionedd, ac un canlyniad i hynny oedd ei bod hi'n cwmpasu llawer mwy nag ystyr arwynebol. Iaith gyfeiriadol, gyffelybiaethol oedd hi, ac fe osodwyd pwysigrwydd mawr ar holl oblygiadau'r delweddau, fel y gwelir mewn llawlyfrau lawer, megis cyfrol enfawr Benjamin Keach, *Tropologia: a Key to Open Scripture Metaphors* (1682). A dyna gefndir gosodiad Pantycelyn yn ei ragymadrodd i *Aleluia* 1745: 'Hymnau wedi eu cyfansoddi at swn a iaith yr 'Scrythyrau.'

Yr iaith Ysgrythurol ddelweddol hon oedd at wasanaeth Pantycelyn, yr iaith oedd yn treiddio ymhellach na'r gweladwy ac yn anelu at hanfod a gwirionedd. Nid y byd naturiol uniongyrchol yn unig, nac efallai'n bennaf, sydd i'w ganfod yn yr emynau, ond yn hytrach y byd a ddisgrifir gan Robert Cawdrey yn ei *Treasurie or Store-House of Similes* (1600) fel 'fetched off . . . from the very secrets and bowels of nature'. Y mae rhywbeth annaturiol i'w ryfeddu yn ein pennill o'i ystyried fel tirlun. Nid hawdd lleoli'r olygfa: 'Uwch y gwynt', 'Maes o sŵn rhuadau'r llewod', 'Maes o gyrraedd tonnau'r môr'. Ar ba arfordir y mae hyn yn digwydd, tybed, gyda'r fath gymysgedd hinsawdd a thirwedd?

Fel y gellid disgwyl fe geir nifer o hanesion sy'n cysylltu emynau neu linellau ag ardal neu olygfa arbennig. Yn argraffiad Cynhafal Jones o'r *Gweithiau*, er enghraifft, fe nodir am y ddwy linell, 'Cul yw'r llwybr i mi gerdded, Is fy llaw mae dyfnder mawr' fod traddodiad mai wrth deithio ar hyd y ffordd o Lanymddyfri i Dregaron, 'yn agos i amaethdy adnabyddus a enwir y Fannog, mewn lle gerwin iawn ac arswydlawn i edrych arno', y cyfansoddwyd yr emyn. Neu fe adroddir amdano yng Nghlynnog yn camgymryd ac yn lle emyn yn rhoddi allan i'w ganu y pennill: 'Hed y gwcw, hed yn fuan, hed, aderyn glas ei liw, Hed oddi yma i Bantycelyn, gwed wrth Mali 'mod i'n fyw'. Yntau wedyn, wrth i rywun dynnu ei sylw at anaddasrwydd y geiriau, yn clywed y tonnau yn curo ar y traeth ac yn fyrfyfyr yn cyfansoddi a chyhoeddi 'Mae'r iachawdwriaeth fel y môr'.

Pa gnewyllyn bynnag o'r gwir all fod yn yr hanesion hyn, daearyddiaeth go wahanol sydd yn yr emynau gan amlaf, y ddaearyddiaeth sy'n agor allan o'r daearol, fel yn y llinellau:

Gloddiwyd allan yn y bryniau
Bryniau tragwyddoldeb dir.

Ond beth am ddelweddau 'Dring fy enaid'? Ystyrier y llew: creadur dieithr iawn yn Llanfair-ar-y-bryn, bid siŵr. Go brin i un ohonynt gael ei arddangos mewn ffair yn y cyffiniau, a thybed yn wir a welodd Williams lew erioed? Fe aeth John Wesley â rhywun i ganu'r ffliwt i bump o lewod yn Nhŵr Llundain yn 1764 i weld a oeddynt yn hoff o fiwsig (un ohonynt oedd, gyda llaw). Ond anodd meddwl am unman lle y gallasai Williams fod wedi gwneud rhywbeth tebyg. Na, llewod y Salmau yw'r rhain.

Dros y canrifoedd fe dyfodd cyfoeth o ystyron o amgylch simbol y llew ym mron pob diwylliant: brenhiniaeth, awdurdod, dewrder, gwylltineb, goleuni, doethineb. Yn y Beibl fe gyffelybir Duw i'r llew yn ei allu a'i gyfiawnder, ac y mae Crist ei hun yn 'llew o lwyth Juda' i awdur Llyfr Datguddiad. Ond negyddol yw llew y Salmydd, a llew Pantycelyn. Cymharer Salm 10. 9, sy'n sôn am elynion Dafydd: 'Efe a gynllwyna mewn dirgelwch megis llew yn ei ffau: cynllwyn y mae i ddal y

tlawd', neu Salm 7. 2–3 lle mae Dafydd yn galw: 'Arglwydd fy
Nuw . . . achub fi rhag fy holl erlidwyr ... Rhag iddo larpio fy
enaid fel llew, gan ei rwygo', a'r ddau bennill o *Ffarwel Weledig:*

Mae gelynion yma'n llechu,
    Wn i bryd daw llew i ma's,
Ac y rhua fe arnai'n greulon,
    Bwgwth llarpio'th ofnus was:

Mewn anialwch 'rwyf yn trigo
Alltud unig wrthyf fy hun;
Llewod rheibus oll o ddeutu
Am fy rhwygo i bob yr un; . . .

Beth, ynteu, am y gwynt a'r tonnau? Rhywbeth cyfnewidiol
yw'r gwynt, ac yn aml yn rhywbeth dirgel hefyd: y dirgelwch, y
syniad ei fod yn dod â neges greadigol o'r nefolion leoedd sydd
amlycaf yn y cyfnod Rhamantaidd. Ond efallai mai'r aruchel a'r
ofnadwy sydd uchaf yn y ddeunawfed ganrif, gyda'r cysylltiad
mynych â llongddrylliad (meddylier am gerdd Falconer, *The
Shipwreck,* 1762). Hyd y gallaf weld, ni fu Pantycelyn erioed
yn morio, ac eithrio ar ei deithiau i Sir Fôn, er iddo feddwl am
fynd i'r Werddon yn 1746. Gwahanol iawn oedd profiad John
Wesley (goddefer un cyfeiriad arall ato) ar ei daith i Georgia yn
1736, profiad y gellid yn rhesymol ei ystyried yn fan cychwyn
y Diwygiad Methodistaidd yn Lloegr:

In the midst of the Psalm wherewith their service began [sef
gwasanaeth y Morafiaid] . . . the sea broke over, split the
mainsail in pieces, covered the ship, and poured in between
the decks, as if the great deep had already swallowed us up. A
terrible screaming began among the English. The Germans . . .
calmly sang on.

Yr elfen o fygythiad sydd i'w ganfod yng ngeiriau'r Salmydd

(55. 8): 'Brysiwn i ddianc, rhag y gwynt ystormus a'r dymestl', ond fe geir hefyd ymdeimlad o ryfeddodau'r Arglwydd (107. 25): 'Canys efe a orchymyn, a chyfyd tymhestlwynt, yr hwn a ddyrchafa ei donnau ef.' A dyma Bantycelyn eto:

O distewch gynddeiriog donnau
  Tra fwy'n gwrando llais y nef

neu

Mi wela'r cwmwl du
  Yn awr ymron â ffoi
A gwynt y gogledd sy
  Ychydig bach yn troi:
'N ôl tymest' fawr, daw yn y man
Ryw hyfryd hin ar f'enaid gwan.

Delwedd Ysgrythurol ddigamsyniol yw'r orffwysfa: 'A'm pobl a drig mewn preswylfa heddychlon, ac mewn anheddau diogel, ac mewn gorffwysfaoedd llonydd: pan ddisgynno cenllysg ar y coed' (Eseia 32. 18–19), neu 'Dychwel, O fy enaid, i'th orffwysfa; canys yr Arglwydd fu dda wrthyt' (Salm 116. 7). Adleisio'r Salmydd felly y mae Pantycelyn: 'Dychwel, O fy enaid, i'th orffwysfa', 'Dring, fy enaid i'th orffwysfa'. Gyda'r Salmydd y mae Williams yn clymu'r darlun wrth y person, yn annerch yr hunan: 'Dring, fy enaid'. Yn wir y mae'r modd y cysylltir y ddelwedd a'r personol yn nodweddiadol o'r emynydd. Fe welir hynny'n eglur iawn yng nghydblethiad y mewnol a'r byd naturiol mewn pennill fel:

Dau ryw auaf maith a chwerw
  Drefnodd f'Arglwydd i mi yn un,
Tymestl oer yn fy meddyliau,
  Ac oddi allan yn gytun. *(Ffarwel Weledig)*

Mewn delwedd hefyd y portreadir taith yr unigolyn drwy hanes a thua'r tragwyddol:

'Rwi'n morio tua gartre'm Nêr,
Rhwng tonnau maith yn byw,
A dyn heb neges tan y sêr,
Ond mofyn am ei Dduw. *(Môr o Wydr)*

Ar yr un pryd, nid personol yn unig mo'r weledigaeth. Y mae'r ddelwedd yn bersonol – yr unigolyn yn dringo i'w orffwysfa uwch treialon y byd – ond y mae'r ieithwedd Ysgrythurol yn rhwym o'n hatgoffa mai hon hefyd yw gorffwysfa'r holl saint. Dyma hefyd bwysigrwydd marwnadau Pantycelyn. Yn rhan o drefn achub fe welwn ymhlith y saint Luther, Calfin, Ridley, Cranmer, Rhys Prichard, Gruffydd Jones, Watts a Cennick, ond hefyd Mrs Watkins, Dryslwyn, Jane Jones o'r Bala (mam-yng-nghyfraith Thomas Charles), Abraham, Isaac, Jacob, Joseph, Paul, Pedr, a Mrs Edwards, Abermeurig.

Yn ddiarwybod efallai y mae'r marwnadau, a delweddau ac ieithwedd yr emynau, yn creu tylwyth. Heb fanylu ar athrawiaeth y cysgodion yn ei hystyr dechnegol mewn esboniadaeth Feiblaidd (sef cysylltu digwyddiadau a phersonau'r Hen Destament â digwyddiadau a phersonau tebyg yn y Newydd) fe ellir canfod estyniad ohono yn y modd y mae Pantycelyn yn ailadrodd profiadau proffwydi a phererinion yr Hen Destament. Y delweddau sy'n creu'r cysylltiad, yn clymu profiadau, yn dangos enaid yn symud wrth ochr enaid. Y mae Williams yn gwybod cystal â neb mai llwynog sy'n codi o'r llwyn fan acw, ac nid llew. Ond yn nrama'r enaid y llewod piau hi. Daearyddiaeth gysylltiol, ysbrydol sydd yma – byd naturiol, syrthiedig yn y galon, diwinyddiaeth dychymyg.

Y mae un agwedd arall ar ddelweddau Pantycelyn sy'n dod i'r wyneb yn ein pennill: nid delweddau goddefol sydd ganddo fynychaf, ond rhai gweithredol anghyffredin. Cymharer emyn prydferth ddigon gan John Newton:

> Breathe from the gentle South, O Lord,
>   And cheer me from the North;
> Blow on the treasures of the word,
>   And call the spices forth!
>
> Help me to reach the distant goal,
>   Confirm my feeble knee;
> Pity the sickness of a soul
>   That faints for love of thee.
>
> I seem forsaken and alone,
>   I hear the lion roar; . . .

Derbyn, goddef, deisyf y mae Newton; symud ymlaen y mae Williams:

> *Dring*, fy enaid . . .
>
> Gad im' *gloddio,* trwy'r parwydydd
>   Tewion, *trwodd* at fy Nuw.

neu

> Mi edrychaf *ar i fyny.*
>   Deued twllwch, deued nos . . .
>
> *Trwodd* draw yr wyf yn edrych,
>   *Dros* y bryniau mawrion pell,
> Ac yn disgwyl fy ngorffwysfa
>   O gyfiawnder llawer gwell.

Yn yr ail ganrif ar bymtheg fe ddaeth yr olygfa gosmologaidd, enseiclopedaidd oddi uchod yn boblogaidd mewn celfyddyd a llenyddiaeth. Nid oedd y gair 'panorama' ar gael fawr cyn diwedd y ddeunawfed ganrif, ond fe gofiwn y peth ei hun o'r *Bardd Cwsc*:

> Ar ryw brydnhawngwaith têg o hâ hir felyn tesog, cymmerais hynt i ben un o Fynyddoedd Cymru, a chydami Spienddrych i helpu 'ngolwg egwan, i weled pell yn agos, a phetheu bychain yn fawr; trwy'r awyr deneu eglur a'r tês ysblenydd tawel canfyddwn ymhell bell tros Fôr y Werddon, lawer golygiad hyfryd.

Ac fe ellid disgwyl rhywbeth yn debyg gan Bantycelyn, ac yntau un adeg yn drwm dan ddylanwad poblogeiddwyr gwyddoniaeth oedd yn ceisio taenu'r holl fydysawd o'ch blaen yn gampwaith patrymu rhagluniaethol Duw. Ond i Bantycelyn lleoliad yr hunan yn yr olygfa, yn y drefn, oedd yn bwysig, ac y mae'r emynau yn frith o adferfau cyfeiriadol sy'n tystio bod safbwynt yr unigolyn ynddo'i hun yn rhan o'r darlun:

> *Dyma'r* man dymunaf aros
>
> *Dacw'r* hyfryd fan ca'i drigo
>
> *Dacw'r* gwledydd hyfryd helaeth
>
> *Dacw'r ardal, dacw'r* hafan
> *Dacw'r* nefol, hyfryd wlad
>
> *Draw* i'r bryniau oer, tymhestlog
>
> Rhwng cymylau duon, tywyll
> Gwela'i *draw* yr hyfryd wlad.

Gwyddys am simbol y daith, yr ecsodus, y bererindod yn yr anialwch fel cefndir cyson emynau Pantycelyn; ond, er mai (neu am mai) pererinion ydym ar y ddaear, y mae adnabod ein lle yn holl bwysig inni:

Na'd im' grwydro,
Draw nac yma fyth o'm lle.

A'r hyn a geir yn ein pennill yw Pantycelyn yn ceisio ei
leoli ei hun ac felly ei gyd-deithwyr, yn rhithm y delweddau, y
dychmygion a'r gobeithion sy'n llifo o ddaearyddiaeth Cymru
i dragwyddoldeb.

Cyhoeddwyd gyntaf yn Undeb yr Annibynwyr Cymraeg. *Adroddiad
Cyfarfodydd Caerdydd* Mehefin 11-13, 1984 (Abertawe, 1985), t. 75–9.

Pantycelyn: Emyn yr Ardd

Mi bellach goda ma's
   Ar foreu glas y wawr,
I weld y blodau hardd
   Sy ngardd fy IESU mawr;
Amrywiol ryw Rasusau pur,
A ffrwythau'r *baradwysaidd* dir.

Edrychwch draw i'r *De'*,
   A'r *Gogledd* y mae Rhes,
O harddach breniau Lliw
   Pa fwya b'om yn nes;
Eu peraidd Flas, a'u 'rhoglau llawn
Sy'n dangos nefol, ddwyfol ddawn.

O anghyffelyb Flas!
   O amrywioldeb Lliw!
Hyfryda erioed a gad
   Ar Erddi Gwlad fy NUW!
Hi *Gilead* fwyn a'i rhoglau pur
Bereiddiodd awel *Canaan* dir.

Mae'r Pomgranadau pur,
   Mae'r Peraroglau rhad
Yn magu hiraeth cry,
   Am hyfryd Dŷ fy Nhad;
O *Salem* bur! O *Seion* wiw!
Fy nghartre i, a chartre'm DUW.

'Does le i aros dim,
   Mi glywa Rym y Ne',
'N awr yn fy ngalw i mlaen
   Yn fuan atto fe;
Ffarwel ffarwel ddeniadau'r byd!
Methodd eich tegwch fynd a'm mryd.

UN O FFEFRYNNAU John Wesley oedd merch ifanc o'r enw Hester Ann Roe o Macclesfield. Hi, yn briod â'r pregethwr James Rogers erbyn hynny, oedd un o'r gwylwyr wrth ei wely angau, ond pymtheng mlynedd ynghynt roedd Wesley yn argyhoeddedig ei bod hi yng ngafael y dicáe. Dyma frawddeg o'i lythyr ati ar 3 Mai 1776: 'I am afraid I shall hardly see you again till we meet in the Garden of God.'[1] Emyn am ardd Duw – megis yn y nef, felly ar y ddaear – yw hwn o eiddo Pantycelyn; eilbeth yw gardd dynion.

Fe'i cyhoeddodd yn 1769 yn y drydedd ran o'i gasgliad *Ffarwel Weledig* neu, a bod yn fanwl, *Ffarewel Weledig, Croesaw Anweledig Bethau: neu, Rai Hymnau o Fawl i Dduw a'r Oen. Y Drydedd Ran.* Ac y mae'r teitl yn cadarnhau bwriad Williams yn yr emyn, os nad ei awgrymusedd a'i effaith:

> Ffarwel ffarwel ddeniadau'r byd!
> Methodd eich tegwch fynd a'm mryd.

Dyna hefyd neges y gŵr da Philagathus yn nhrosiad Robert Llwyd o'r *Llwybr Hyffordd i'r Nefoedd* gan Arthur Dent (patrwm, mi gredaf, i rai o weithiau rhyddiaith Williams): ' . . . mi â attolygaf i'r Goruchaf Dduw roddi i mi ei ysbryd Glân, fel i'n derchafer goruwch y byd hwn i fynyddoedd y myrrh a mynyddoedd y peraroglau. Canys faint dedwyddwch fyddei i ni fod ein ymarweddiad yn y nefoedd?'[2]

Ond arbenigrwydd yr emyn hwn yw'r modd y mae'n troedio'r ffin rhwng byd a nef, rhwng y synhwyrus a'r damcaniaethol, rhwng darllen a phrofiad. Ac efallai y bydd chwilio i mewn i'r gamp gydbwysol hon yn foddion i ddatgelu peth o gyfrinach yr emyn a, gobeithio, i gyfoethogi'n profiad ohono.

Nid oedd cyfnod Pantycelyn yn un o ddarganfyddiadau gwyddonol mawr, ond yr oedd yn adeg nodedig am yr ymdrechion i sistemateiddio a phoblogeiddio gwyddoniaeth, ac yn gyfnod pan oedd unigolion chwilfrydig – lleygwyr weithiau – yn gallu plymio rhai o ddirgelion natur. Yn y maes llysieuol, i gymryd un enghraifft, cyhoeddodd Linnaeus yr argraffiad terfynol o'i *Systema Naturae* yn 1758–59 ac fe fabwysiadwyd ei gynllun gan nifer helaeth o lyfrau garddio.[3] Yna yn 1767 fe ddechreuodd Gilbert White ohebu â Thomas Pennant ynglŷn â'i sylwadau manwl ar ddigwyddiadau ym myd natur ym mhlwyf Selborne. Roedd y byd gwrthrychol yn cael ei fesur a'i bwyso, a rhyfeddodau'r cread, yn fawr a mân, yn dod yn fwy cyfarwydd. Gwybodaeth llyfr oedd gan Williams o'r cyfryw bethau, gan mwyaf, ac y mae ei ddarllen ar y pynciau yn fanwl ac yn ymddangos yn weddol eang. Y mae cryn fesur o gywreinrwydd yn perthyn iddo, ond yr argraff y mae rhywun yn ei chael yw mai cyswllt dadleuon diwinyddol sydd i'r darllen bron yn ddieithriad. Dyna, er enghraifft, gefndir y cyfeiriadau at lyfrau poblogaidd-wyddonol William Derham yn *Golwg ar Deyrnas Crist*, gyda'u profion o Dduw fel y Creawdwr drwy'r Ddadl ar sail Cynllun (profion tebyg i rai William Paley ar ddiwedd y ganrif). I'r Deistiaid roedd ardderchowgrwydd patrwm y gyfundrefn naturiol yn ddigon i gyfiawnhau crefydd heb gymorth unrhyw esboniad datguddiadol o drefn pethau. Ond crefydd wedi ei glastwreiddio, a phrin crefydd o gwbl, oedd y fath bwyslais ar ddyn a'r byd naturiol i Bantycelyn, er iddo ddefnyddio'r Ddadl ar sail Cynllun ymhlith dadleuon eraill. Tystiolaeth wrth-Ddeistaidd *Golwg ar Deyrnas Crist* yw mai rhan yn unig o drefn yr Achub yw cynllun y bydysawd ac nad oes ystyr i'r greadigaeth heb Grist:

> Ni all yr heulwen gerdded led troed o'r awyr las,
> Na seren gron na phlaned o'u troeon fynd i ma's;
> Ni all Arcturus rodio cylch pôl y gogledd bell
> Oni bai bod yr Iesu yn ben cyfamod gwell.[4]

Nid oes angen traethu llawer ar y pwnc, gan iddo gael ei drin mor feistraidd gan Derec Llwyd Morgan,[5] ond fe all gair neu ddau fod o fudd. Duw, Dyn, Natur: yn bendant iawn y lleiaf o'r tri hyn yng ngolwg Pantycelyn yw Natur.

> Rhyw lyfyr yw'r greadigaeth, aneirif faint ei ddail,
> Yn dodi 'maes ogoniant diderfyn Adda'r Ail;
> Ond Dyn sy'n fyd ei hunan, cair gweld y Brenin mawr
> Yn hwn yn fwy gweledig na dim o'r nen i'r llawr; . . .[6]

Gosod y Cristion, Pantycelyn ei hun, yn llifeiriant gras drwy a'r tu draw i hanes y mae *Golwg ar Deyrnas Crist*. Hyrwyddwr yw'r byd naturiol, i'n galluogi ni i weld a chlywed Duw; yn wir fe ddywedir hynny mewn cymaint o eiriau wrth sôn am swyddogaeth yr awyr. Hebddo:

> Nis gallem glywed music y bib na pheraidd dant,
> Na chlywed mo oleuni y doethion wrth ein chwant,
> Na melys lais Efengyl, na'r nefol hyfryd gân
> Sy'n gosod Iesu allan yng nghorff yr Eglwys lân.[7]

I ba fesur, ynteu, y mae Duw yn llefaru drwy ei greadigaeth, yn ei ddatguddio ei hun ynddi? A beth yw cyfraniad dyn drwy ei wyddoniaeth a'i ddyfeisgarwch? Y mae nodyn diddorol gan Williams ar un o benillion *Golwg ar Deyrnas Crist*. Nodyn yw yn mabwysiadu dadl Derham mai pwrpas y planedau a welwn o gylch yr haul, 'a chynifer ag ydys yn ddychmygu fod oddeutu'r sêr gwibiog', yw bod yn 'fydoedd trigiannol, lleoedd wedi eu cymhwyso at gyfanheddu, ac wedi eu llenwi o ryw greaduriaid addas'. 'Ond,' fe â Williams/Derham ymlaen, 'pa fath greaduriaid ydynt, hyn sydd anhawstra nas gellir ei ddehongli heb ddatguddiad oddi uchod, neu ryw sbienddrychau nas gallwyd eto eu cyrraedd.'[8]

Dychymyg, datguddiad, darganfod, nid oedd Williams, beth

bynnag am ei ddiwinyddiaeth, am golli gafael ar unrhyw un ohonynt. Nid trwy un cyfrwng yn unig y mae Duw'n llefaru wrth ei blant. Fe ddyfynnwyd eisoes y llinellau:

Rhyw lyfyr yw'r greadigaeth, aneirif faint ei ddail,
Yn dodi 'maes ogoniant diderfyn Adda'r Ail.

Hen syniad yw'r un am Lyfr Natur neu'r Ddau Lyfr (sef Natur a'r Beibl) i'w olrhain yn ôl cyn belled ag Awstin Sant. Y mae Calfin yntau yn ei arddel: 'Ym mhob rhan o'r byd, yn y nefoedd ac ar y ddaear, y mae'r [Arglwydd] wedi ysgrifennu, neu fel petai wedi ysgythru gogoniant ei nerth, ei ddaioni, ei ddoethineb, a'i dragwyddoldeb.'[9] Roedd y cyfrinydd Sant Bonafentur yn y drydedd ganrif ar ddeg wedi mynd mor bell â dweud nad oedd y Beibl yn angenrheidiol ond wedi i ddyn ddod i fethu darllen llyfr y greadigaeth fel y gwnaethai Adda wrth enwi bwystfilod y maes, ac y mae'r Piwritan Richard Baxter yn gosod hyn allan yn glir ddigon:

When man was made perfect, and placed in a perfect world, where all things were in perfect order, and very good, the whole creation was then man's book in which he was to read the nature and will of his great Creator; every creature had the name of God so legibly engraven on it, that man might run and read it. He could not open his eyes, but he might see some image of God; but no where so fully and lively as in himself.[10]

Fe aeth rhai i chwilio am arwyddion, argraffnodau Duw yn ei greadigaeth – ei lofnodion, fel y gelwir hwynt gan Boehme, neu gan Gymdeithas y Rhosgroesogion: 'These Characters and Letters, as God hath here and there incorporated them in the holy Scripture the *Bible*, so hath he imprinted them most apparently into the Wonderful Creation of Heaven and Earth, yea in all beasts.'[11] Un cyfeiriad arall, nes at Williams, ond hwn hefyd i awgrymu ffrwd syniadau'r cyfnod yn hytrach nag unrhyw ddylanwad uniongyrchol. Y mae Jonathan Edwards yn barod iawn i weld y byd naturiol mewn termau ysbrydol: 'When we are delighted with flowery meadows, and gentle breezes of wind, we may consider that we see only the emanations of the benevolence of Jesus Christ', neu 'When we behold the fragrant rose and lily, we see His love and purity. So the green trees, and fields, and singing of birds are the emanations of His infinite joy and benignity.'[12] Fe geir cyfeiriadau tebyg ganddo hefyd yn *A Treatise Concerning Religious Affections* (1746); ond mewn nodiadau, 'The Images or Shadows of Divine Things', a gyhoeddwyd gyntaf gan Perry Miller yn 1948, y mae'n mynd gam ymhellach. Fe ddyfynnir rhai brawddegau yma a thraw o'i nodiadau 156 a 45:

> The Book of Scripture is the interpreter of the book of nature two ways, viz. by declaring to us those spiritual mysteries that are indeed signified and typified in the constitution of the natural world; and secondly, in actually making application of the signs and types in the book of nature as representatives of those spiritual mysteries in many instances . . . Natural things were ordered for types of spiritual things.[13]

Datguddiad Natur a datguddiad y Beibl:

> Mae'r Pomgranadau pur,
>   Mae'r Peraroglau rhad
> Yn magu hiraeth cry,
>   Am hyfryd Dŷ fy Nhad . . .

Pa bomgranadau a pheraroglau yw'r rhain? Nid oedd fawr o hanes y naill na'r llall ar fuarth Pantycelyn, bid siŵr. Ai'r sain yn unig sy'n llywodraethu yma, adleisiau Coromandel a Malabar? Na, fe ellir dweud heb fawr o amheuaeth mai pomgranadau a pheraroglau pedwaredd bennod Caniad Solomon, Cân y Caniadau, yw'r rhain. Fe fydd yn briodol i ddyfynnu ychydig adnodau, gan ychwanegu un hefyd o'r chweched bennod:

4.12–16: Gardd gaeedig yw fy chwaer, a'm dyweddi: ffynnon gloëdig, ffynnon seliedig yw. Dy blanhigion sydd berllan o bomgranadau, a ffrwyth peraidd, camffir, a nardus; ie, nardus a saffrwn, calamus a sinamon, a phob pren thus, myrr, ac aloes, ynghyd â phob rhagorol berlysiau: ffynnon y gerddi, ffynnon y dyfroedd byw, a ffrydiau o Libanus. Deffro di, ogleddwynt, a thyred, ddeheuwynt, chwyth ar fy ngardd, fel y gwasgarer ei pheraroglau: deued fy anwylyd i'w ardd, a bwytaed ei ffrwyth peraidd ei hun.

6.11: Euthum i waered i'r ardd gnau, i edrych am ffrwythydd y dyffryn, i weled a flodeuasai y winwydden, a flodeuasai y pomgranadau.

Y bedwaredd bennod hon yw'r molawd hyfrytaf i'r ardd yn yr Hen Destament, a'r Gân, fel y gwyddys, oedd un o hoff lyfrau Williams. Y mae'r rhagymadrodd i ail ran *Ffarwel Weledig* (1766) yn cynghori emynwyr i ddarllen 'drachefn a thrachefn, lyfrau'r Prophwydi a'r Salmau, y Galarnad, y Caniadau, *Job,* a'r Datguddiad, y rhai sydd . . . yn llawn o Ehediadau Prydyddiaeth, troell-ymadroddion, amrywioldeb, esmwythder Iaith a chyffelybiaethau bywiol'. Hefyd y mae'n sylwi nad 'un o'r Nodau lleia fod Llyfr y Caniadau yn Ganonaidd, yw'r blâs mae'r Saint yn ei gael ynddo'. Ar yr un pryd, y mae'n deall yn burion nad yw bob amser yn hawdd dehongli manylion y Gân, ac y mae Eusebius yn *Pantheologia* yn ôl pob tebyg yn adleisio Williams ei hun wrth ddweud: 'Yn Llyfrau Caniadau, a Salmau'r Bibl, caf gwrdd ag amryw ymadroddion nas gwn ymha ystur yr ydys yn ceisio genyf gredu y llythyren o honynt.'[14]

Bu llawer o esbonio ar Ganiad Solomon, yn enwedig yn

yr ail ganrif ar bymtheg, ac fe gyfrifir fod o leiaf bum cant o esboniadau wedi eu cyhoeddi cyn diwedd y ganrif honno.[15] Fe ddatblygwyd cymariaethau alegorïaidd a chyffelybiaethau teipolegol lu a bu cryn lawer o frwydro rhwng y ddau safbwynt – y teipolegol yn golygu arwain y gymhariaeth yn broffwydol drwy hanes, a'r alegorïaidd yn caniatáu dehongliad mwy personol, mwy cyfriniol. Fe bwysleisir yn gyson nad cnawdol mo'r Gân, ond y mae'r dadleuon eu hunain yn dangos yn eglur fel yr oedd y saint, hyd yn oed, yn gwegian: 'away, say we, with all carnal thoughts, whiles we have heavenly things presented to us under the notion of Kisses, Lips, Breasts, Navel, Belly, Thighs, Legs. Our minds must be above our selves, altogether minding heavenly meanings.'[16]

Roedd esboniad John Gill ym meddiant Williams,[17] ac fe ellid disgwyl hefyd iddo fod yn gyfarwydd â gwaith William Romaine, y pregethwr Calfinaidd poblogaidd oedd â nifer o gysylltiadau â Chymru. Y teitl oedd *Twelve Discourses upon some Practical Parts of Solomon's Song*, ac fe'i cyhoeddwyd yn 1758, gydag adargraffiadau yn 1759, 1769 a 1777. Ar ôl marw Pantycelyn, fe droswyd y gwaith i'r Gymraeg gan offeiriad Anglicanaidd, Thomas Jones – *Gwledd i'r Eglwys. Neu Ddeuddeg Pregeth ar Gan Salomon*, Machynlleth, 1792 – ac fe fydd yn gyfleus dyfynnu o hwn.

Yn y bregeth ar yr unfed adnod ar bymtheg o'r bedwaredd bennod – sef y bennod ar yr ardd – y mae Romaine yn egluro'n ddigamsyniol natur elfennau'r byd naturiol fel rhywbeth mwy na delweddau:

> Tra fo'm ni yn y corph, nid allwn ganfod gwrthddrychau
> ysbrydol, ond drwy ddrych gwrthddrychau corphorol. Am
> hynny, gwelodd Duw fod yn dda arfer pethau gweledig y
> greadigaeth fel cysgodau o bethau ysprydol grâs . . . Yng
> ngweithredoedd y greadigaeth fe roddodd i ni gysgod bywiol
> o bob gwrthrych ysprydol, a welodd efe yn angenrheidiol i ni
> adnabod (t. 109).

Ochri mae Romaine â'r esbonwyr teipolegol sy'n lleoli'r Gân yn llif holl hanes y drefn achubol, lle y mae Thomas Baddy yn ei gweld mewn termau hytrach yn alegoriaidd. 'Trwy gyffelybiaethau a Damhegion y mae Duw'n Dyscu'r Eglwys a phob Cristion yn y llyfr hwn,' meddai yn ei ragymadrodd 'At y Darllennudd' i'w lyfr *Caniad Salomon, wedi ei drefnu ar fesur iw ganu*, Caerlleon, 1725 – un o'r llyfrau pwysig, fel y gwyddom, yn hanes cynnar emynyddiaeth yng Nghymru. Fe â Baddy ymlaen:

Cân Priodas ydyw [diddorol, gyda llaw, fyddai holi a ddylanwadodd alegori briodasol yr esboniadau ar y *Cyfarwyddwr Priodas*] rhwng Christ â'i Eglwys a phôb Christion: Christ a yspysir tan rith *Bugail* yn byw yn y wlâd, lle mae pob math o greaduriaid, *Defaid, geifr, Brain, colomennod, llwynogod, llysiau, Coed, afonydd, Mynyddoedd* &c. Ac oddiwrth y rhai'n y cymmer *Solomon* ei Ddamhegion i egluro i'r byd, *odidawgrwydd Christ a Hawddgarwch yr Eglwys,* yr hon sy' debyg i *Fageiles,* neu *Briodas- ferch Bugail.*

Gwaetha'r modd, nid yw'r farddoniaeth yn arbennig o ysbrydoledig:

i'w Ardd ei hun f'Anwylyd doed
    a boed ei drigfan ynddi,
Bwyttaed ei beraidd ffrwyth ei hun
    yn ddi-warafun genni.

neu:

F'Anwylyd aeth isod i'w Ardd
i hardd welau'r per-lysiau,
i ymborth yn y gerddi, tru
i gasclu lili flodau.

Casgliad tebyg yw *Caniadau Nefol; sef Agoriad ar y Bennod Gyntaf o Ganiadau Solomon ar Fesur Cerdd. Ynghyd a rhai Hymnau Ysprydol*, gan Dafydd Lewys, Y Mwythig, 1740. Nid oes rhyw lawer o gamp ar yr addasiad:

Fy Ngwinllan sydd yn llesccau'n drwm,
Pob pren a mwswm garw,
Fy rhadau sydd yn nychi o'u bron,
Planhigion ym mron marw, . . . (t. 14)

Ond y mae ambell fflach yn yr 'Hymnau Ysprydol':

Cynnal ni âg Afaleu per,
Pren irder a Diddanwch,
Rho i'n Botteleu, Arglwydd Jon,
O Afon dy hyfrydwch. (t. 34)

A'r anogaeth hon i'r Iesu, sydd yn agos i hanner ffordd at fod yn Bantycelyn ei hun:

Deffro'n foreu mynd i maes,
Ar wawr yn las a hela;
Gyrru'th Gennadeu maes ar lled,
Gan dd'wedyd tyrred atta'. (t. 35)[18]

Trown yn ôl at eiriau Pantycelyn:

I weld y blodau hardd
  Sy ngardd fy IESU mawr;
Amrywiol ryw Rasusau pur,
A ffrwythau'r *baradwysaidd* dir.

Fe fu'r ddelwedd o ardd amgaeedig, yr *hortus conclusus,* yn boblogaidd yn yr Eglwys o'r Oesoedd Canol ymlaen. Yr arfer yn Eglwys Rufain oedd cysylltu'r Forwyn Fair – croth y

Forwyn yn aml – â'r ardd, a hynny mewn gwrthgyferbyniad i Efa, a'r troi allan o Eden i wylltineb y byd. Ond i'r Diwygwyr ac i esbonwyr yr ail ganrif ar bymtheg a'r ddeunawfed ganrif yr Eglwys yw'r ardd.[19] Yn *Taith y Pererin* y mae'r Dehonglwr yn arwain Cristiana a'i thylwyth i'w ardd 'lle'r oedd amryw fath o flodau; ac a ddywedodd wrthynt, a welwch chwi y rhai hyn oll? . . . Wele y mae y blodau yn amrywiol mewn maint, mewn dull, mewn lliw, ac arogl, a rhinwedd, a rhai yn well na'u gilydd; A lle y gosododd y Garddwr hwynt, yno y maent, yn ddiymrafael â'u gilydd', ac y mae'r cyfieithydd (Stephen Hughes, ond odid) yn ychwanegu: 'Yr Ardd yw'r Eglwys, a'r Saintiau yw y Llysiau.'[20] 'Crist,' medd Romaine (t. 107), sy'n llefaru yn y bedwaredd bennod ac 'yn cymmaru'r eglwys i *ardd, a gauasai efe allan o anialwch y byd*', ac y mae John Gill yn nodi wyth o resymau i gyfiawnhau'r gymhariaeth. (Nid record mo hyn; y mae Keach yn rhestru dau ar bymtheg.)[21]

Fe fydd crynodeb o rai Gill yn hen ddigon: 1, darn o dir wedi ei neilltuo at wasanaeth y perchennog yw gardd, felly'r Eglwys wedi ei neilltuo i Dduw; 2, y mae amrywiaeth o flodau, llysiau a phlanhigion mewn gardd ac yn Eglwys Crist y mae llawer o aelodau gwahanol iawn i'w gilydd; 3, nid yw'r planhigion mewn gardd yn tyfu'n naturiol ohonynt eu hunain – dim ond am chwyn y mae hynny'n wir – ac y mae gofyn eu hau neu eu plannu, fel y mae'r ysbryd yn plannu grasusau. 'Amrywiol ryw Rasusau pur,' medd Williams; ac y mae Thomas Goodwin yntau'n gweld enwi'r gwahanol blanhigion fel 'certainly an enumeration of particular graces in their distinction and variety . . . [serving] in general to instruct us, that there is such a variety of graces in our hearts, as here of trees in the spouse's [garden].'[22] Dychwelwn at Gill: 4, y mae angen palu a pharatoi gardd ar gyfer y planhigion a felly Duw'n hwsmona'i bobl; 5, y mae galw am ofal a llafur mewn gardd, tebyg i ofal Crist dros ei Eglwys; 6, y mae gerddi'n lleoedd hyfryd i rodio ynddynt, ac y mae Crist yn hoffi rhodio yn ei ardd, ei Eglwys; 7, 'a garden is usually but a small piece of ground; and so is Christ's church, in comparison of the wilderness and waste places of the world; it is a little flock, a small remnant, a few that shall be saved.' Cymharer emyn Watts, sail 'O tyred y gogledd-wynt clir':

> We are a Garden wall'd around,
> Chosen and made peculiar Ground;
> A little Spot inclos'd by Grace
> Out of the World's wide Wilderness.[23]

8, lle ffrwythlon a hyfryd, fel yr Eglwys o'i chymharu â'r byd. Awn ymlaen yn yr emyn:

> O anghyffelyb Flas!
>   O amrywioldeb Lliw!
> Hyfryda erioed a gad
>   Ar Erddi Gwlad fy Nuw!
> Hi Gilead fwyn a'i rhoglau pur
> Bereiddiodd awel Canaan dir.

Y mae'r emynydd yn symud cam ymhellach yn y pennill hwn. Nid yw'r ymadrodd 'Gerddi Gwlad fy Nuw' ynddo'i hun yn feiblaidd, ond fe ddefnyddir Gilead a Chanaan i leoli'r weledigaeth yn y nefoedd. Fel y 'Pomgranadau pur' a'r 'Peraroglau rhad' maent yn 'magu hiraeth cry, am hyfryd Dŷ fy Nhad'. 'Canaan,' meddai Samuel Mather, 'was not as other lands are, a meer outward Thing; but it was a *typical Land*, it was the land of *Emmanuel,* it is the Land of Glory. *Canaan* was a Type of Heaven, and in *that* respect they did so earnestly prize it, and look upon it as being Heaven in an earthly Shadow.'[24] Ac y mae Pantycelyn, efallai yn anymwybodol, yn arwain o ardd y ddau bennill blaenorol i'r Ganaan nefol drwy gymryd delweddau gweddol ddigyswllt o'r bedwaredd bennod o'r Gân a gwneud delwedd newydd hudolus ohonynt. Dyma nhw: o'r adnod gyntaf, 'Wele di yn deg, fy anwylyd . . . dy wallt sydd fel diadell o eifr, y rhai a ymddangosant o fynydd Gilead'; o'r ddegfed a'r unfed ar ddeg, 'Pa faint gwell yw dy gariad na gwin, ac arogl dy olew na'r holl beraroglau . . . Y mae mêl a llaeth dan dy dafod, ac arogl dy wisgoedd fel arogl Libanus'; o'r drydedd ar ddeg, 'Dy blanhigion sydd berllan o bomgranadau, a ffrwyth peraidd'; ac o'r unfed ar bymtheg, 'Deffro di, ogleddwynt, a thyred, ddeheuwynt, chwyth ar fy ngardd, fel y gwasgarer ei pheraroglau.' Fe soniwyd eisoes am yr emyn gan Williams sy'n efelychu Watts ac yn seiliedig ar y bedwaredd bennod hon (*Môr o Wydr,* 1762; Cynhafal, II, t. 161):

O Tyred y gogledd-wynt clir,
Anadla ar dy lysiau pur;
Ac oni ddeui mewn iawn bryd,
Fe wywa'r grasau oll i gyd.

Yn yr emyn hwn fe gawn hefyd y llinellau: 'Gwnaed pob rhyw foddion, pob rhyw ddawn,/I'th lysiau ber-arogli'n iawn' a 'Fel byddo pob rhyw nefol ras,/Yn taenu sawyr pur i maes'.

'Y per-aroglau yn ddiamau yw grasuseu Crist,' meddai Romaine (t. 113) ac fe â i gyfeiriad gwahanol i un Pantycelyn wrth droi'n hwyliog i gymhwyso'r syniad at fywyd y Cristion: 'A ydyw efe yn rhoddi ar waith y grasuseu a blannodd ynnom, nes yw eu peraroglau yn ymdannu yn ein ymarweddiad beunyddiol, nes yw dynion wrth weled ein ffrwythlondeb yn gogoneddu ein Tâd yr hwn sydd yn y nefoedd?' (t. 119).

Nid oes dim am 'ymarweddiad beunyddiol' yn emyn Williams; emyn am gynhaliaeth a gobaith y Cristion yw yn hytrach nag am ei fuchedd ar y ddaear. Canu am y nef a thragwyddoldeb y mae, am y cysuron y ceir disgrifiad ohonynt (mewn atodiad i farwnad Williams i William Read) yn neges dybiedig yr ymadawedig William Read

o heolydd gorllewinol y Ddinas Sanctaidd . . . at ei anwylaf
wraig a'i ferched . . . Nid yw coed, ceryg, lliwiau, lluniau,
blodau, trysorau, cerbydau, rhodfeydd, a holl addurnau a
mawrhydi dynol, ond fel tegwch bwth bugail i balas goreudeg
Brenin wrth y gogoniant sydd yn y nefoedd hon gyda'r
Arglwydd ein DUW ni!

Dyfynnwyd yn weddol helaeth am mai dyma un o'r enghreifftiau
cliriaf o amgyffrediad daearyddol, gofodol Pantycelyn wrth
iddo geisio dychmygu'r nefoedd. Yn yr emynau fe'i gwelwn yn
ceisio cyfleu'r syniad o nefoedd drwy'r gwahanol synhwyrau:

Mae'r Ganaan hyfryd draw
Yn dangos fel gerllaw,
  Yn ngolau'r ne'

(Ffarwel Weledig, 1769; Cynhafal II, t. 285)

Ac 'rwy'n clywed sŵn caniadau
  Peraidd paradwysaidd dir

(ibid.; II, t. 291)

'Rwyf yn teimlo gwynt y dehau
  Yn anadlu awel bur,
Ac yn ysgafn gario f'enaid
  'Draw i fryniau Canaan dir

(ibid.; II, t. 291)

'Rwyf i'n dechrau teimlo eisoes
Bêr aroglau'r gwledydd draw

(Môr o Wydr, 1762; II, t. 140)

Yn ei farwnad Gymraeg i Howel Davies yn 1770 y mae
Williams yn cyfeirio at erddi'r Parke ger Hendy-gwyn-ar-Daf,
y stad a oedd yn eiddo i wraig gyntaf Howel Davies, Catherine
Poyer, aelod o deulu hynafol a chefnog yn Sir Benfro:

Nid yn ngerddi cryno'r Parke,
    Dan och'neidio yma a thraw,
Mae'r offeiriad heddyw'n rhodio,
    Ond yn ngardd Paradwys draw;
Nid y *lemon,* nid yr *orange,*
    Pomgranad, na'r *nectarine,*
Ond pur ffrwythau Pren y Bywyd,
    Mae'n ei ddodi wrth ei fin.

Mewn marwnad hefyd y mae'r cyfeiriad arall amlycaf at ardd, sef yn yr un hynod boblogaidd i Mrs Grace Price, Y Watford (1780). David Jones, Llan-gan, yw'r Jones y cyfeirir ato, gyda'r awgrym ei fod yn dipyn o arddwr (argraff sydd, gyda llaw, yn cael ei chadarnhau yn y nodiadau yn ei ddyddiadur):[25]

Mi ffansia ei bod hi'r awr hon,
    'Rhyd y gerddi wrth fy nghlun,
Megis JONES, yn dangos llysiau,
    A dweud enwau pob yr un;
Ysprydoli pob blodeuyn,
    Wrth ei liw ac wrth ei flas,
Nes gwneud gardd heb wybod immi,
    Yn blanhigion dwyfol ras.

Dyma'r pingc, a thraw'r carnasiwn,
    Dyma'r tulip hardd ei liw,
Ond yw rhai'n (fy Mrawd) yn debyg
    I rasusau nefoedd DUW;
Dacw'r lili beraroglaidd,
    Ond yw honna megis gras,
Sydd yn perarogli'r ardal
    Ddedwydd honno torro e' ma's.

Y 'grasusau' eto, ond heb ryw lawer o arwyddion diddordeb manwl mewn garddwriaeth o du Williams; go brin, o ran hynny, y byddai ganddo lawer o amser at arddio. Os nad oedd yr ardd ym Mhantycelyn yn wahanol iawn i'r rhelyw o erddi ffermydd Cymru yr adeg honno, fe fyddai ynddi gasgliad o lysiau meddyginiaethol, a llysiau ar gyfer y gegin, gardd fresych, ychydig o flodau go gartrefol, perllan efallai – ac y *mae* tystiolaeth am ddau lysieuyn arall yn y rhigwm a ddanfonodd at Mali pan oedd oddi cartref ar un o'i deithiau:

Palwch bedwar gwely
I ddodi pys a ffa . . .
　　　　(Kilsby, t. x)

Yn y blynyddoedd hyn, chwedegau'r ddeunawfed ganrif, y mae llythyrau'r Morrisiaid yn llawn o sôn am blanhigion: Lewis ym mis Chwefror 1761 yn rhestru pymtheg ar hugain o fathau y mae arno eu heisiau, ac ar y cyntaf o Fawrth yn cwyno am 'yr sgwarnog sydd wedi bwytta fy ngharnations, am graffts, am purple brocole, a llawer o bethau: wfft iddi'; William ym mis Ionawr 1763 yn enwi un ar ddeg ar hugain o flodau a llwyni sy'n blodeuo yn ei ardd yng Nghaergybi. Amaethwr oedd Pantycelyn, 'un o'r [rhai] goreu yn y wlad lle trigai', yn ôl Kilsby (t. xii), ac er bod yr ardd, eto yn ôl a glywodd Kilsby, yn cael ei chadw'n drefnus, tybed nad Mali oedd yn bennaf gyfrifol? Y mae hanes am Williams yn plannu onnen gerllaw'r tŷ ar ddydd geni John ei ail fab (*Y Pêr Ganiedydd* I, t. 113) ond, ar wahân i hyn, yr argraff a gawn yw o wladwr disentiment yn ei ymwneud â'r tir. Mae'n wir iddo dystio i'w edmygedd o James Hervey, ond y mae ei gyfeiriadau cynnil at fyd natur yn hollol wahanol i agwedd ac arddull flodeuog Hervey, er bod hwnnw'n *dweud* mwy neu lai'r un peth:

What *Sweets* are these, that so agreeably salute my Nostrils?

They are the Breath of the Flowers; the Incense of the
Garden . . . How liberally does the Jessamine dispense her
odoriferous Riches! How deliciously has the Woodbine
imbalmed this Morning-walk! . . . Let us consider to *Whom* we
stand indebted for all these Entertainments of Sense; . . . such an
habitual Disposition of Mind *consecrates* every Field and Wood.[26]

Ar un wedd, wrth gwrs, nid oes a wnelo tueddiadau
garddwriaethol Williams ddim oll â'r emyn fel y mae o'n blaen
ni, os na ellir dangos adlewyrchiad ohonynt yn ei adeiladwaith
sylfaenol neu mewn adleisiau geiriol. Peryglus, mae'n siŵr,
fyddai uniaethu'r adroddwr, y 'Mi', yn gyfan gwbl â Williams ei
hun a gadael i gyhuddiad Thomas Charles nad oedd Pantycelyn
fawr o foregodwr ddylanwadu ar ein ffordd ni o ddarllen y
llinellau agoriadol. Ond tuedd ddiweddar, gysetlyd yw ceisio
cau'r awdur allan o'i waith ac nid oes angen ymgadw rhag
dyfalu bod yr ymateb i'r byd naturiol ychydig yn wahanol, yn
fwy bywiog yma ('Mi *bellach*') a bod hyn yn rhwym o sugno
cywreinrwydd am gyfraniad hunangofiannol y bardd i mewn i
fframwaith y gerdd.

Y gerdd? neu'r emyn? Sylwer ar ddau gyfeiriad gweddol
ddiweddar at y penillion hyn: L. Haydn Lewis yn 1963, 'ambell
"delyneg" bêr o anadliad dieithr neu fwy "rhamantus", fel "Mi
bellach goda' maes", na ellir ei phriodoli'n hawdd i neb arall
ond y prydydd o Bantycelyn'; a Gwilym R. Jones yn 1970:

Ond rhaid gosod y delyneg liwgar honno sy'n disgrifio 'gardd fy
Iesu mawr' ar ei phen ei hun fel cân gyfan sy'n cadw'n glos at yr
un ddelwedd, a'r pictiwr yn tyfu ynddi o linell i linell fel y mae
gwythïen mewn llechfaen yn blodeuo o bonc i bonc mewn
chwarel. Dyma gerdd a allai greu ym meddyliau'r seiadwyr
hiraeth am ddimensiwn arall sy'n well na'r bywyd naturiol yng
ngolwg y bardd.[27]

'Telyneg', medd y ddau; tybed? Bwriad Williams yn *Ffarwel Weledig* oedd cyfansoddi 'Rai Hymnau o Fawl i Dduw a'r Oen'. Y mae mesur yr emyn hwn (66.66.88) yn un gweddol gyffredin yn ei waith o *Aleluia* 1744 ymlaen, ond bod peth amrywio ar yr odlau, gan gynnwys yr odlau mewnol.[28] Mesur urddasol yw yn y patrymau Saesneg:

> The Lord Jehovah reigns;
> His throne is built on high (Watts, 1709);
>
> Join all the glorious names
> Of wisdom, love and power (Watts, 1709);
>
> Let Earth and Heaven agree,
> Angels and Men be join'd (Charles Wesley, 1741);
>
> Thou God of Truth and Love,
> We seek thy Perfect Way (Charles Wesley, 1749).

Fe ellid dadlau mai emynau amhersonol yw'r rhain, yn wahanol iawn i emyn Williams, ond nid yw hynny'n wir am bob emyn urddasol ar yr un mesur. Ffurf wreiddiol yr emyn gan Watts sy'n gyfarwydd i ni heddiw fel 'We give immortal praise / To God the Father's Love' oedd 'I give'. Fe'i diwygiwyd yn *Psalms and Hymns* Whitefield yn 1753.

Roedd Pantycelyn yn dewis ei fesurau (a'r tonau – efallai dan gyfarwyddyd Mali) yn weddol ofalus, gyda'i olwg ar y cynulleidfaoedd, fel y dengys paragraff olaf ei ragymadrodd i *Ffarwel Weledig*, lle mae'n addo 'rhoi'r mesurau [tonau a olygir] i ryw ychydig a fedro eu tynnu hwynt allan: Y mae 10 neu 12 yn ddigon o honynt dros ddeheudir Cymru, os bydd ewyllys i'w tannu hwynt ar lled.' Y dôn a briodolir i'r emyn hwn gan John Williams yn argraffiad 1811 yw 'Grove' a'r cywair yw 'Gorfoleddus'. Erbyn 1769 roedd Pantycelyn, wrth gwrs, wedi clywed llawer o ganu ar ei emynau ond ni ellir rhagdybio o bell ffordd mai'r un oedd y tonau â'r rhai yng nghasgliad John Williams. Anodd iawn felly yw dyfalu beth oedd dylanwad y canu ar y geiriau. A oedd Williams yn disgwyl iddynt lusgo'r llafariaid, er enghraifft? Yn ddiweddarach yn hanes yr emyn yng Nghymru fe ecsbloitiwyd effaith emosiynol estyn y llafariaid gan Watcyn Wyn ymhlith eraill:

> Ni bu nos erioed cyn ddued
> Nad oedd sêr
> Siriol Nêr
> Yn y nef i'w gweled.

Ond fe geir rhywbeth pur debyg yn ein hemyn ni hefyd: oni ddisgwylir i'r odlau 'ma's . . . glas', 'dir . . . pur' – ddwy waith – gael eu llusgo? Gwelwn Williams ar waith yn arbed y llafariaid at wasanaeth canu rhydd yn y Gymraeg, wedi oesoedd o ormes cytseiniaid.

Emyn, felly, ond emyn sydd â'i fframwaith yn hunangofiannol, yn agor ac yn diweddu yng nghyffro profiad y Cristion unigol synhwyrus a gobeithiol. Ond y mae Pantycelyn am ddod â'r gynulleidfa i mewn hefyd. Gwelsom fod yr ardd yn y pennill cyntaf yn ddelwedd o'r Eglwys; ac, yn yr ail bennill, fe gynhwysir ei haelodau yn uniongyrchol yn y chwilio: 'Edrychwch draw i'r de . . .' Fe ddwyseir eu hymrwymiad i'r olygfa drwy ebychiadau (fel y gwnâi Charles Wesley yn gyson) a thrwy'r dechneg Hebraeg o gyfochredd, sef y ddyfais o ailadrodd rhan gyntaf adnod neu bennill mewn geiriau gwahanol yn yr ail:

> O anghyffelyb Flas!
> O amrywioldeb Lliw!

> Mae'r Pomgranadau pur,
> Mae'r Peraroglau rhad

> O *Salem* bur! O *Seion* wiw!

41

Yna yn y pennill olaf fe droir yn ôl at yr hunan, ond y mae'r eiriadaeth yn awr yn gwta, yn frysiog, yn hyrddio'r gynulleidfa ymlaen, yn cyflymu'r canu nid hwyrach:

'Does le i aros dim,
  Mi glywa Rym y Ne',
'N awr yn fy ngalw i mlaen
  Yn fuan atto fe.

A'r cynnwrf yn gymaint nes i'r mydr gloncio yn y llinell olaf:

Methodd eich tegwch fynd a'm mryd.

Mesur addasrwydd yr emyn i seiadau a chynulleidfaoedd oedd hygyrchedd yr iaith a chynefindra'r delweddau. Mewn caneuon nid yw Williams yn gorfod aros i ystyried a fydd cefndir rhyw gyffelybiaeth yn ddealladwy ar unwaith i'w ddarllenwyr (gwrandawyr fyddai'r rhan fwyaf yn achos yr emynau), ac felly fe gawn linellau mor ffres â:

Rhwymo'r awyr las a'i gasglu,
Beth yw ceisio'r byd ond hynny?[29]

Yn yr emynau y mae dau beth yn digwydd. Y mae'r eirfa, ar y cyfan, yn cael ei chyffredinoli a'i symleiddio; fe wna'r 'carnasiwn' a'r 'nectarine' yn burion ar gyfer marwnadau ond nid ar gyfer emyn. Roedd y sefyllfa ychydig yn wahanol yn achos y brodyr Wesley gan eu bod yn tueddu i anelu eu hemynau at haen fwy llythrennog o'u dilynwyr, ac felly yn gallu defnyddio gwahanol lefelau ieithyddol, iaith dan ddylanwad y clasuron, ac iaith dan ddylanwad y Beibl. Am Bantycelyn, roedd gofyn pwyso'n drymach ar y cefndir ysgrythurol, gyda'r cyffyrddiadau gwerinol, gwladol sydd mor aml yn bywiogi ei emynau: 'codi ma's ar foreu glas y wawr'. Ar y llaw arall, camgymeriad fyddai credu na allai'r gynulleidfa anllythrennog ddilyn y cyffelybiaethau a'r cysylltiadau awgrymog. Yr union gymariaethau ac estyniadau ysgrythurol oedd yn eu bwydo mewn pregeth ar ôl pregeth. Cofier mai cynnyrch deuddeg *pregeth* ar Gân y Caniadau oedd llyfr William Romaine.

Yn yr ymdriniaeth feirniadol gyntaf o bwys ar waith Pantycelyn (yn *Y Traethodydd*, 1847) y mae Gwilym Hiraethog yn taflu ei linyn mesur dros rai o ddelweddau Williams o'r byd naturiol ac yn ei gael yn troseddu 'yn erwinn yn erbyn natur weithiau, trwy fod yn hyf a threisiol arni, a cheisio llusgo ei gwrthddrychau a'i helfenau i wneuthur cymhariaethau o honynt na bydd y priodoldeb na'r cysondeb lleiaf ynddynt'. Daw ag enghreifftiau:

Mi wnaethum degan gynt o'r byd,
I gael arogli hwn o hyd –
Pan gododd haul o'r dwyrain draw,
Yn ddystaw gwywodd yn fy llaw.

'*Arogli* tegan: a *thegan* yn gwywo! Wel wfft! Pe gwnaethai *bwysi* o'r byd, yn lle tegan . . . buasai y gymhariaeth yn briodol. Ystyr briodol tegan ydyw, peth i'w roddi yn llaw plentyn iddo i *chwarau* ag ef, nid i'w *arogli*. ' Yna:

Fy nhegan mwy fydd Iesu gwiw,
Aroglaf ef tra byddwyf byw.

'Gwaeth fyth! Pe dywedasai, *fy mhwysi*, buasai priodoldeb a phrydferthwch yn y pennill, a buasai ganddo awdurdod Cân y Caniadau dros arfer y gymhariaeth – "Fy anwylyd sydd i mi megys pwysi myrr" &c. Ond gwneud tegan o'r Gwaredwr sydd drosedd yn erbyn pob gweddeidd-dra.'

Y mae Gwilym Hiraethog ar un wedd efallai yn camgymryd: gellid dadlau mai 'pwysi' *yw* ystyr 'tegan' yn y llinellau hyn.[30]

Ond, o safbwynt arall, y mae yn llygad ei le. O'u cysylltiadau ysgrythurol y mae'r delweddau o'r byd naturiol yn ennill eu hygrededd yng ngolwg y gynulleidfa, a'r cefndir beiblaidd hyn sy'n cyfrannu dimensiwn ychwanegol i'r ieithwedd, yn sefydlu ac yn sobri, ac ar yr un pryd yn ysbrydoli. (Cofier fel yr oedd Calfiniaeth gynnar yn drwgdybio unrhyw emynau nad oeddynt yn gwbl seiliedig ar Air Duw.) Ond, wrth gwrs, y mae Pantycelyn yn mynd gam ymhellach. Ei orchest yw llwytho'r termau garddwriaethol, meteorolegol, daearyddol, arogliadol hyn ag ystyron ac awgrymiadau ysbrydol a hynny heb eu gwacáu o'u hanianolaeth; priodi arogl y blodau â grasusau'r saint, harddwch lliwgar y byd â'r profiad o oferedd; troedio'r ffin rhwng y synhwyrau a'r enaid, rhwng natur a datguddiad; cyfuno emyn llyfr ac emyn yr awyr agored, emyn tirlun ac emyn traddodiad:

> O anghyffelyb Flas!
>   O amrywioldeb Lliw!
> Hyfryda erioed a gad
>   Ar Erddi Gwlad fy NUW!

Nodiadau

[1]   *The Letters of John Wesley,* gol. John Telford, Llundain, 1931, VI, t. 216.

[2]   Yr ail argraffiad, Llundain, 1682, t. 97.

[3]   e.e. James Wheeler, *The Botanists' and Gardeners' New Dictionary . . . according to the System of Linnaeus,* Llundain, 1763; neu John Abercrombie, *The Gardener's Pocket Dictionary; or, a Systematic Arrangement of Trees, Shrubs, Herbs, Flowers and Fruits; agreeable to the Linnaean Method,* tair cyf., Llundain, 1786 (roedd hwn yn Llyfrgell Trefeca).

[4]   *Gweithiau William Williams Pantycelyn,* I, gol. Gomer Morgan Roberts, Caerdydd, 1964, t. 95. Fe gyfeirir ato fel GWP I o hyn ymlaen.

[5]   Derec Llwyd Morgan, *Y Diwygiad Mawr,* Llandysul, 1981, t. 206–24. Y mae hi'n werth sylwi hefyd fel y mae Pantycelyn, wrth sôn am gyfeillach Duw a'i addewidion yn y llythyr olaf at Thomas Charles, 1 Ionawr 1791, yn dyfynnu o'i gof adnodau ysgrythurol sy'n alegoreiddio'r winllan a'r ardd fel arwydd o ofal Duw: 'Esa. 27.3 Myfi yr Arglwydd ar bob moment y dyfrhaf hi [y winllan], cadwaf hi nos a dydd heb i neb

ei drygu, ac Esa. 38 [= 58]. 11 A thi fyddi fel gardd wedi dyfrhai . . .'
(Gomer Morgan Roberts, *Y Pêr Ganiedydd,* I, Aberystwyth, 1949, t.
171).

6 GWP I, t. 75.

7 GWP I, t. 65.

8 GWP I, t. 45–6. William Derham, *Astro-Theology: or, a Demonstration
of the Being and Attributes of God from a Survey of the Heavens,* ail arg.,
Llundain, 1715, t. lvi: 'But now the next Question commonly put is
what Creatures are they inhabited with? But this is a difficulty not to be
resolved without a Revelation, or far better instruments than the World
hath hitherto been acquainted with.'

9 Yn rhagymadrodd Calfin i Feibl Olivétan; troswyd o François Wendel,
Calvin, Paris, 1950, t. 118. Am drafodaeth ar Lyfr Natur gweler Ernst
Robert Curtius, *European Literature and the Latin Middle Ages,* cyf.
Willard R. Trask, Efrog Newydd, 1953, t. 319–26; ac Erich Rothacker,
Das 'Buch der Natur', gol. W. Perpeet, Bonn, 1979. Gweler hefyd 'Y
Greadigaeth yn Arwyddlun' [gan John Jones, Pwllheli], *Y Traethodydd,*
21 (1866), 450–3.

10 Richard Baxter, *Gildas Salvianus: The Reformed Pastor* (1656); dyfynnwyd
o'i *Practical Works,* Llundain, 1830, XIV, t. 218.

11 The Fame and Confession of the Fraternity of Rosicrucians, Llundain,
1652, t. 42; dyfynnwyd o *Centre and Labyrinth. Essays in Honour of
Northrop Frye,* Toronto, 1983, t. 118–19. Fe gyfieithwyd *De Signatura
Rerum* Jacob Boehme (1622) i'r Saesneg yn 1651.

12 O'r 'Covenant of Redemption; Excellency of Christ'; dyfynnwyd o
Terrence Erdt, *Jonathan Edwards: Art and the Sense of the Heart,* Gwasg
Prifysgol Massachusetts, 1980, t. 50.

13 Gweler Mason I. Lowance Jr., 'Images or Shadows of Divine Things
in the Thought of Jonathan Edwards', yn *Typology and Early American
Literature,* gol. Sacvan Bercovitch, Gwasg Prifysgol Massachusetts, 1972,
t. 207–44.

14 *Pantheologia, neu Hanes Holl Grefyddau'r Byd,* Caerfyrddin, 1762, t. 17;
hefyd yn *Holl Weithiau, Prydyddawl a Rhyddieithol . . . William Williams
Pant-y-celyn,* gol. J. R. Kilsby Jones, Llundain, Mackenzie, [1867], t.
512.

15 Gweler Mason I. Lowance Jr., *The Language of Canaan,* Gwasg Prifysgol
Harvard, 1980, t. 41–54 ('The Canticles Tradition'); Ann W. Astell,
The Song of Songs in the Middle Ages, Gwasg Prifysgol Cornell, 1990;
George L. Scheper, 'Reformation Attitudes toward Allegory and the
Song of Songs', PMLA, 89 (1974), 551–62; Karen E. Rowe, 'Sacred
or Profane?: Edward Taylor's Meditations on Canticles', *Modern*

Philology, (1974), 123–38; Prudence L. Steiner, 'A Garden of Spices in New England: John Cotton's and Edward Taylor's Use of the Song of Songs', yn *Allegory, Myth and Symbol*, gol. Morton W. Bloomfield, Gwasg Prifysgol Harvard, 1981 (= Harvard English Studies 9), t. 227–43.

[16] Nathanael Homes, *A Commentary . . . on the Whole Book of Canticles*, yn ei *Works*, 1652, t. 469; dyfynnwyd o Scheper, nodyn 15 uchod.

[17] John Gill, *An Exposition of the Book of Solomon's Song called Canticles*, ail arg., Llundain, 1751. Y mae Gill, t. 301–3, yn manylu ar arwyddocâd y pomgranadau hefyd: e.e. 'Also the pomegranate, when broken, appearing to be full of kernels, all set in a beautiful order, and joined to each other, may be expressive of that union, harmony, and content of church-members . . .'

[18] Fe welir atyniad parhaol y Gân yn addasiad John Hughes, Pontrobert, *Cyfansoddiad Prydyddawl ar Lyfr Caniad Solomon; yn yr hwn y mae holl adnodau y llyfr, ynghyd a gradd o eglurhad, wedi eu cyfansoddi i'w canu ar amryw Donau arferedig*, Bala, [1822]. Wele enghraifft:

> Fe aeth f anwylyd gwiw
>> I wared, do, i'w ardd,
>> I wych welyau clyd
>> Per-lysiau hyfryd hardd.

[19] Gweler Stanley Stewart, *The Enclosed Garden: the Tradition and the Image in Seventeenth-Century Poetry*, Gwasg Prifysgol Wisconsin, 1966.

[20] Dyfynnwyd o argraffiad Nicholas Thomas, *Siwrneu, neu Daith Cristiana*, 1730, t. 38.

[21] Benjamin Keach, *Tropologia: a Key to open Scripture Metaphors*, 1682: t. 62–5 yn argraffiad 1779. Roedd Thomas Charles yn y *Geiriadur Ysgrythyrol*, III, Bala, 1810, erthygl 'Gardd', yn esbonio i'r un perwyl: 'Cyffelybir yr eglwys i *ardd*, Can. 4.12.16, 5.1 a 6.2. Mae wedi ei neilltuo oddiwrth y byd anial diffrwyth; ei phlanu â phlanhigion hyfryd, ac mae ffrwythau cyfiawnder i eu cael ynddi; mae yr Arglwydd yn ei chadw nos a dydd rhag i neb ei drygu; mae yn rhodio ynddi, yn ei dyfrâu, yn ei gwrteithio, ac yn edrych yn fanwl rhag i chwyn niweidiol dyfu ynddi.'

[22] Thomas Goodwin, *The Work of the Holy Ghost in our Salvation*; cyhoeddwyd yn 1704, ar ôl ei farw. Roedd y bumed ran hon o waith Goodwin ym meddiant Williams, ond fe ddyfynnir yma o *Works*, 1863, VI, t. 30.

[23] Isaac Watts, *Hymns and Spiritual Songs*, 1707, I, t. xiv. Am ddehongliad yn nhermau'r ddiadell Ymneilltuol gweler Donald Davie, *A Gathered Church*, Llundain, 1978, t. 28–32; fe geisiais innau gymharu'r emyn ag efelychiad Williams yn *Williams Pantycelyn*, Caerdydd, 1983, t. 104–6.

[24] Samuel Mather, *The Figures or Types of the Old Testament*, Llundain, 1683. Dyfynnir o'r ail argraffiad, Llundain, 1705, t. 180; y mae hwn yn rhestr llyfrau Williams ac ar gael ymhlith llyfrau Trefeca, ond nid wyf yn berffaith sicr o'i berchenogaeth – gweler Glyn Tegai Hughes, 'Llyfrgell Pantycelyn', *Y Traethodydd*, 146, rhif 621 (Hydref, 1991), 228, a 'Pantycelyn a'r Piwritaniaid', yn *Meddwl a Dychymyg Williams Pantycelyn*, gol. D. Llwyd Morgan, Llandysul, 1991, t. 53 [isod, t. 48-79, 80-95].

[25] Gweler Gomer M. Roberts, *Cylchgrawn Cymdeithas Hanes y Methodistiaid Calfinaidd*, 29 (1944), 57, 59 a 33 (1948), 48, 51.

[26] James Hervey, 'Reflections on a Flower-Garden' a gyhoeddwyd yn y gyfrol *Meditations on the Tombs* (1745–6). Dyfynnir o argraffiad 1747, t. 37 a 47. Fe geir enghreifftiau llawer mwy cymhleth a diddorol o ddefnyddio gardd, blodau a llysiau fel delweddau ysbrydol yng ngwaith y bardd Americanaidd Edward Taylor (1642–1729); gweler Karen E. Rowe, *Saint and Singer: Edward Taylor's Typology and the Poetics of Meditation*, Gwasg Prifysgol Caergrawnt, 1986, yn enwedig t. 250, 259–60 a 274. Diddorol sylwi hefyd ar boblogrwydd (naw argraffiad cyn 1640) y casgliad Piwritanaidd *A Garden of Spiritual Flowers. Planted by R[ichard] R[ogers], Will[iam] Per[kins], Ri[chard] Gree[nham], M.M. and Geo[rge] Web[be]*, Llundain, 1625.

[27] L. Haydn Lewis, 'Daucanmlwyddiant y "Ffarwel Weledig",' *Y Drysorfa*, 133 (1963), 78; Gwilym R. Jones, 'Williams, Bardd y Seiat', *Y Traethodydd*, 125, rhif 536 (Gorffennaf, 1970), 169–70.

[28] Gweler Gomer M. Roberts, *Y Pêr Ganiedydd*, II, Aberystwyth, 1958, t. 103, 107, 108; a J. Lloyd Jones, 'Mesurau Pantycelyn', *Y Drysorfa*, 106 (1937), 12–13. Y mae Frank Baker yn *Representative Verse of Charles Wesley*, Llundain, 1962, t. 33 yn cyfeirio at 'this stirring metre which became one of his [Charles Wesley's] favourites'.

[29] Cân VII, 'Twyll y Byd', o'r 'Caniadau Duwiol' yn y *Môr o Wydr*, 1762: Cynhafal I, t. 249.

[30] Gweler Glyn Tegai Hughes, *Williams Pantycelyn*, 1983, t. 107, 130.

Cyhoeddwyd gyntaf yn *Bwletin Cymdeithas Emynau Cymru* 3 (1988–2003), 42–59.

Pantycelyn a'r Piwritaniaid

EFALLAI NAD OES angen diffinio manwl. Os felly, gorau oll, gan fod dadlau brwd y dyddiau hyn ynghylch natur Piwritaniaeth. Er bod rhai yn mynd mor bell â hawlio nad oes fawr o ystyr i'r term o gwbl, y mae'r prif wahaniaethau rhwng haneswyr erbyn hyn yn cylchu o amgylch nifer o bwyntiau penodol: er enghraifft, union berthynas y 'Piwritaniaid' a'r Eglwys; natur eu hamgyffred o'r gyfundrefn gymdeithasol, yn enwedig yn deuluol; mesur eu Calfiniaeth, uchel neu ganolig; perthynas y to cyntaf Tuduraidd a'r ail, Stiwartaidd, a'r doldrymau rhyngddynt. Ac yna, yn islif cyson, eu cyfraniad i'r Werinlywodraeth ym Mhrydain, ac i antur y Tadau Pererin a sefydlu Lloegr Newydd yn y diffeithwch.[1]

Ciliodd yr hen ymdrechion i fwndelu cyfres o ddaliadau a'u galw yn Biwritaniaeth o flaen manyldra'r ymchwiliadau, ond, o ran hwylustod yn hytrach nag ysgolheictod, eithaf peth fydd rhoddi un cynnig arall arni, gan gofio'r perygl o gysylltu elfennau o gyfnodau gwahanol ac o lyfnhau y gwahaniaethau. Nid diffiniad felly, ond casgliad o nodweddion, gan gychwyn gyda'r rhai a enwir gan Williams ei hun yn *Pantheologia*.

Symbyliad cyntaf Piwritaniaeth (enw gwawd, wrth gwrs, ar y dechrau) oedd yr awydd i ddiwygio, i 'buro'r' eglwys o bob arferiad, defod neu drefn oedd yn sawru o Babyddiaeth, a diddorol gweld Pantycelyn yn gymharol glaear ar un amlygiad o hyn: 'Yr oedd cyndynrwydd, 'styfnigrwydd, a rhagfarn nid bychan yn perchennogi eu hysbrydoedd, trwy eu bod yn godde eu diswyddo, eu carcharu a'u taflu allan o'u bywioliaethau er mwyn peth mor ganolig a gwisg wen, clôg, cap pedwaronglog, a'r cyfryw beth nad oedd na da na drwg ynddynt o honynt eu hunain.' (*Pantheologia* (1762), t. 638.) Ond y mae'n tueddu

i weld pwynt y Piwritaniaid yn eu gwrthwynebiad i nifer o
ffaeleddau eraill yr Eglwys yn eu dydd. Y mae'n enwi naw
beirniadaeth: 1. Honiadau'r esgobion; 2. 'y titlau a'r swyddau
o archdiaconiaid, deonau, chapterau, a graddau eraill yn
perthyn i gathedrals, fel peth heb sylfaen o'r Ysgrythurau'; 3.
'Llywodraeth anghymmedrol y . . . cwrtau ysbrydol, megis
wedi dynnu oddi wrth gyfraith canon y pab, ac nid o air
Duw'; 4. 'Y ddyfodfa gymmysgedig a chyffredin o bob rhai
i swpper yr Arglwydd' a'r 'eisiau o ddysgyblaeth dduwiol' i
chwilio i gymhwysiadau y rhai sy'n dymuno bod o gymundeb
cynulleidfa'r ffyddloniaid; 5. Gwrthwynebiad i rai ymarferion
ac ymadroddion yn y Llyfr Gweddi; 6. Esgeuluso pregethu
'ac agor yr Ysgrythurau' . . . 'am hynny un o'u hachwynion
mawr hwy trwy yr holl deyrnasiad hyn oedd fod cynifer o
weinidogion mudion, a rhai ag amryw eglwysydd ac heb fod
yn cyfaneddu yn eu plwyfau'; 7. 'Nid oeddent yn bodloni
i amrywiol o ddyddiau gwylion, am eu bod heb sail o'r
Ysgrythurau'; 8. Anfodlon ar ganu y gweddïau ac ar ddefnyddio
'offerynnau music, megis udgyrn, organs, a'r cyffelyb'; 9.
Gwrthwynebiad i nifer o arferion seremonïol, megis arwydd
y groes yn y bedydd, ynghyd â'r awgrym bod gosebion (tadau
a mamau bedydd) yn gallu rhyddhau rhieni o'u cyfrifoldebau
addysgol, penlinio wrth dderbyn y sacrament, ymgrymu wrth
enw'r Iesu, y fodrwy yn y briodas (*Pantheologia*, t. 634–7).

Allanolion Piwritaniaeth yw'r rhain, ar y cyfan, ond y
mae nifer o'r hanfodion hefyd yn dod i'r amlwg ynddynt:
pwysigrwydd yr Ysgrythurau, pregethu, addysg deuluol a
chymundeb cyfannol y ffyddloniaid. Sêl a manyldra sy'n
nodweddu hyd yn oed yr allanolion, ac, fel yr awgryma
Williams wrth gyfeirio at eu cyndynrwydd a'u hystyfnigrwydd
mewn nifer o achosion, angerdd eu hymateb oedd yn eu
gwahaniaethu oddi wrth eglwyswyr mwy cymedrol. Yn eu
hawydd i ysgubo ymaith unrhyw ddefod neu arferiad oedd

yn bygwth adfer Pabyddiaeth, yr Anghrist, fe ddaethpwyd i roddi pwyslais agos i fod yn ffanaticaidd ar astudio'r Ysgrythur ac ar bregethu'r gair fel moddion i ludio cwmni'r ffyddloniaid Protestannaidd at ei gilydd.

Ar wahanol adegau fe welir rhyw rwydwaith Piwritanaidd yn dylanwadu'n glir ar ardaloedd arbennig gan adael rhannau eraill o Brydain heb fawr o dystiolaeth i'r duedd; yna fe ddylid gwahaniaethu rhwng y rhai oedd yn ceisio diwygio'r Eglwys oddi mewn a'r lleill oedd yn ymwahanu, yn ymneilltuo (y mae nifer o haneswyr cyfoes yn gwrthod galw'r Ymneilltuwyr yn Biwritaniaid o gwbl).[2] Ond, pa amrywiaeth bynnag oedd yn eu hamgylchiadau a'u trefnyddiaeth, y mae hi'n deg dweud bod ganddynt, efallai fel pobl garismataidd y dyddiau hyn, ymdeimlad o fod yn perthyn i gymdeithas ddiwylliannol glòs, gyd-ddibynnol, estyniad o'r teulu. Ynddi fe aed ati i arolygu'n fanwl gynnydd ysbrydol yr aelodau, ac fe gawn unigolion yn eu dinoethi eu hunain yn ysbrydol mewn dyddiaduron a llythyrau yn ogystal ag ar gyhoedd. Crefydd unigolyddol er hynny, ar un wedd, gan y pwysleisid mai'r unig beth oedd yn cyfrif mewn gwirionedd oedd adenedigaeth bersonol. Ond ar yr un pryd fe amcanwyd at wthio safonau moesol llym y gymdeithas glòs ar y gymdeithas ehangach, drwy ddeddfwriaeth, drwy addysgu a chateceisio, drwy esiampl gweddi ac ympryd, ond yn bennaf drwy anogaeth pregethu a phamffledu. Ac felly fe ddaw chwaraeon, difyrrwch masweddus, halogi'r Sabbath, addurniadau personol a phob gwamalrwydd, anlladrwydd, gormodedd a diogi, o dan y lach. Roedd bywyd i'w gymryd o ddifrif, gan fod dyn yn gyfrifol i Dduw amdano.

Fe ddylid tanlinellu eto bod llawer o'r tueddiadau a'r nodweddion hyn i'w gweld i raddau mewn eraill, offeiriaid a lleygwyr, a fyddai wedi ymwrthod â'r label Piwritan. Angerdd y sêl, difrifoldeb yr ymarweddiad, sicrwydd y broffes sy'n dynodi'r Piwritan: 'the sharp cutting-edge of an evangelical

Protestantism.'[3] A sicrwydd cadwedigaeth, y profiad ysgytiol o dröedigaeth, yn gwarantu'r cyfan. Braidd na ellir dweud i anatomi tröedigaeth a sancteiddhad droi'n obsesiwn, weithiau gydag addefiad o bechodau arswydus gynt, dro arall gan ddisgrifio bywyd diddrwg didda mewn byd neu eglwys. Yn 1779 fe gyhoeddodd Williams gyfieithiad o hanes tröedigaeth y Piwritan enwog Thomas Goodwin (1600–79), 'lle dangosir', meddai, 'pa mor belled y gall serchiadau nattur, argyhoeddiadau cyffredin, cydwybod naturiol, a chrefydd hunan gyfiawn fyned, heb wir ras, adnabyddiaeth o Dduw, nac un egwyddor union o sancteiddrwydd.' Fe ddengys Goodwin iddo gael ei ddwyn i fyny ar aelwyd grefyddol, ac yna iddo ddysgu yng Nghaergrawnt sut i archwilio stad ei enaid. O bryd i bryd fe dybiai ei fod wedi cael y gwir brofiad, ond wedyn fe lithrai'n ôl i ansicrwydd, i Arminiaeth ac apêl Ewyllys Rydd, neu i'w bechod nodweddiadol, bod yn fodlon ar ei lwyddiant. Yna fe glywodd bregeth a ddangosodd iddo mor amddifad o unrhyw deilyngdod yw'r dyn naturiol syrthiedig, ac nad yw harddwch ymddangosiadol ei gymeriad ond ffieidd-dra. Gras yn unig all ei gadw rhag disgyn i Uffern, ei wir haeddiant. Y mae Goodwin yn ei gymharu ei hun â bradwr sydd wedi derbyn maddeuant gan y brenin, a hwnnw wedyn yn ei godi i fod yn gyfaill a ffefryn. O ganlyniad y mae cyfrifoldeb arswydol arno, sef ymladd yn ddiddiwedd yn erbyn y pechod sy'n amharchu ei frenin, ac ymdrechu'n wastadol i ennyn mewn eraill y profiad sydd wedi ei ryddhau ef.

Y Thomas Goodwin hwn yw un o'r rhai a enwir yn llythyr olaf Pantycelyn at Thomas Charles ar 1 Ionawr 1791, lle'r enwa Biwritaniaid eraill hefyd: 'fe fu llyfrau Dr Goodwin, Dr Owen, Dr Gill, Marshall, Hervey, Usher ac eraill yn help i flaenlymu fy neall yn y gwirioneddau mawrion hyn', sef, 'gogoniant person Christ, a breintiau mawrion Iachawdwriaeth.' Fe gyfeirir hefyd at Goodwin – ' 'sgrifennodd amrywiol o

Lyfrau bywiol ac ardderchog mewn Difinyddiaeth', yn ôl wynebddalen cyfieithiad Williams – yn nhroednodiadau *Golwg ar Deyrnas Crist* ar bwnc o athrawiaeth ynghylch person Crist. John Owen (1616–83) oedd un o awduron mwyaf toreithiog a dylanwadol yr Annibynwyr, cyfaill i Cromwell ac am gyfnod yn Is-Ganghellor Prifysgol Rhydychen. Bedyddiwr oedd John Gill (1697–1771), yntau yn ddehonglydd ac ymrysonwr diflin ac yn awdur wyth cyfrol o esboniadau ar yr Ysgrythur, a gweithiau fel *The Doctrines of God's Everlasting Love to his Elect, The Doctrine of Justification by the Righteousness of Christ, The Doctrine of the Saints Final Perseverance,* i grybwyll rhai oedd ym meddiant Williams. Diau mai Walter Marshall (1626–71) a olygir yma, fel yr awgryma Tudur Jones, ac nid Stephen Marshall fel y tybiais gynt.[4] Yn ôl un rhestr, roedd ei *Gospel Mystery of Sanctification* (1692) yn llyfrgell Pantycelyn. Nid Piwritaniaid mo James Hervey (1713–58), awdur y gwaith blodeuog, ac anesboniadwy o boblogaidd, *Meditations among the Tombs* (1745 ff.), na James Ussher (1581–1656), Archesgob Armagh, gŵr anghyffredin o ddysgedig a mawrfrydig, o ddaliadau Calfinaidd cadarn ond cymedrolwr ar ffurflywodraeth yr eglwys.

Ceir cyfeiriadau eraill gan Williams at Biwritaniaeth a Phiwritaniaid. Yn ei ragymadrodd i argraffiad cyntaf *Golwg ar Deyrnas Crist* (1756) y mae'n cyfeirio'n gymeradwyol at Gatechism y Gymanfa (sef Westminster) a'r 'Ysgrifenwyr Puritanaidd er's saith ugain mlynedd aeth heibio', hynny yw o ddechrau'r unfed ganrif ar bymtheg; ac fe gyfeirir, efallai ychydig bach yn llugoer, deirgwaith at Richard Baxter yn *Theomemphus* a'r marwnadau. Yna, ymhlith ei lyfrau, fe welir gweithiau Piwritaniaid fel Thomas Adams, Joseph Alleine, Nicholas Byfield, Richard Capel, Stephen Charnock, John Downame, Matthew Henry, Thomas Manton, John Preston, Richard Sibbes a William Twisse.[5] Fe sylwir mai Saeson yw'r rhain i gyd, a dyna wirionedd y mater; mae'n rhaid ei fod yn gwybod am y Piwritaniaid Cymraeg, ond anodd rhoddi bys ar unrhyw dystiolaeth o hynny.

Dyna ddigon, a mwy na digon efallai, i ddangos fel yr oedd y Piwritaniaid yn gyffredinol yn lliwio awyrgylch meddwl Pantycelyn. 'Bro. Wms. preached on Luke 7. 47 [y wraig â blwch o ennaint]; he showed the difference between Xt. in the head and Xt. in the heart . . . My soul was inflamed with love in listening,' yw nodyn Howell Harris yn ei ddyddiadur ar 11 Chwefror 1743; a'r ymgyrraedd at y profiad hwn o Grist yn y galon sy'n nodweddu'r ysgytiad a roes y Piwritaniaid i glaerineb mwyafrif eglwyswyr eu dydd (pobl 'Crist yn y pen'). Onid rhywbeth yn debyg a welai Williams yn digwydd yng nghynnwrf ei ddyddiau ei hun? Ac er mai ar agweddau eraill y byddwn yn sylwi o hyn ymlaen, y mae hi'n bwysig sylweddoli mai'r profiad o gariad achubol Crist sy'n goleuo pob cornel ac yn patrymu holl ymdeimlad ac ymarweddiad Williams, fel y Piwritaniaid.

O'r tu mewn i'r fframwaith hwn fe gawn ddilyn Pantycelyn ar hyd rhai llwybrau a balmantwyd eisoes gan Biwritaniaeth: yn ei ddefnydd o'r Ysgrythur, ei hunangofiannu ysbrydol adenedigol, ei ddelweddu pereriniol, ei obeithion hanner milflynyddol, ei ofal dros deulu'r ffydd. Nid yw hyn yn dihysbyddu'r pwnc, wrth reswm: fe ellid, er enghraifft, fynd ymlaen i ddangos sut yr oedd Williams yn adlewyrchu pwyslais arbennig y Piwritaniaid ar addysg; neu, ar lefel fwy arwynebol, fe ddylid sylwi arno'n mabwysiadu eu confensiwn o ddefnyddio enwau Lladinaidd (Prodigalus, Efangelius, Afaritius, Theomemphus), arferiad y bu Bunyan yn ddigon doeth i'w anwybyddu yn *Taith y Pererin*.

Priodol fydd rhoddi'r flaenoriaeth i'r Ysgrythurau. Gan eu bod yn Air Duw, a bod Duw yn Arglwydd ar amser a hanes, fe ddisgwylid i'r Beibl gyhoeddi gwirioneddau am amgylchiadau cyfoes, gan roddi arweiniad nid yn unig drwy brofiadau'r

Iddewon ond hefyd drwy hanes y ddiadell Biwritanaidd neu Fethodistaidd. Y ddolen gydiol mewn esboniadaeth o'r fath yw teipoleg, athrawiaeth y cysgodion neu, a benthyg gair Bobi Jones, cysgodeg.[6] Yn yr ystyr gyfyng wreiddiol fe olyga ffurf o esbonio'r Ysgrythur sy'n cysylltu'r Hen Oruchwyliaeth a'r Newydd drwy ddangos bod personau, digwyddiadau, seremonïau, ac weithiau hyd yn oed elfennau o'r byd naturiol yn yr Hen Destament (y 'teip') yn rhagfynegi personau a digwyddiadau yn y Testament Newydd (yr 'antiteip'). Nid alegorïaidd mo'r dull. Fe gofir i Williams yn ei ragymadrodd i *Theomemphus* egluro: 'ni ellir ei alw yn alegori, am fod y personau yn wir ddynion'; a dyna hanfod y 'teip', sef ei fod yn cyfeirio at wir bersonau a digwyddiadau. Yn nehongliad Luther roedd cyfundrefn y cysgodion yn gyfyngedig i'r Ysgrythur, ond er bod Calfin yn cydnabod cyflawniad y teipiau yng Nghrist fe olygai ei amgyffrediad o'r Hen Destament a'r Newydd fel rhagluniad o'r eglwys ac o'r deyrnas ysbrydol i ddod ei fod yn agor cil y drws i esboniadaeth broffwydol, eschatolegol. Fe ruthrodd esbonwyr yr ail ganrif ar bymtheg yn bendramwnwgl trwy'r drws, yn enwedig felly'r Piwritaniaid, fel y gallai un o'u gelynion, William Sherlock, eu cyhuddo o 'jumbling metaphors, and Allegories, and Types, and Figures, altogether, and proving one thing from another in a most wonderful manner'.[7] Eu bwriad oedd ymestyn y llinell hanesyddol broffwydol i gwmpasu eu cenhadaeth a'u hamgylchiadau nhw fel cynrychiolwyr cyfoes ewyllys Duw, gan gymhwyso, yn ôl yr Esgob Symon Patrick, 'all that concerned *Israel*, to Themselves; and all that concern'd the *seuen accursed Nations*, or *Aegypt* and *Babylon*, to their Neighbours'.[8] Cyn mynd ymlaen i ystyried sut y mae Williams yn gwneud defnydd o deipoleg fe fydd yn werth nodi'r geiriau a roddir yng ngenau Mary yn y *Cyfarwyddwr Priodas*: 'Ystyria fod llawer yn camddeall yr Ysgrythur Lân o fethu deall troell-ymadroddion, troops [tropes], ffigurau, dychmygion, a hediadau'r prydyddion, ... ac os bydd i ni ond [ei chymryd] ar ôl y llythyren, ni awn nid yn unig i gyfeiliornadau mawrion, ond hefyd ni gredwn bethau diystyr a disylwedd, ac a'u gwnawn hwynt yn sylweddol, lle nad oedd yr Ysbryd Glân yn meddwl ond am i ni eu credu hwynt yn gyffelybiaethol, neu gredu'r pethau arwyddoceid wrthynt.' Datganiad oedd hefyd yn agor y drws yn o lydan.

Yn sasiwn Llangeitho ar 22 Awst 1764 fe nododd Howell Harris: 'Mr Wm Wms preached shewing ye Saviour as ye type of all ye Type[s]', ac roedd y dull hwn o esbonio yn amlwg ar feddwl Pantycelyn mewn modd neilltuol iawn yn y blynyddoedd hyn. Y mae tros ddeugain pennill o *Golwg ar Deyrnas Crist* (1756) yn ymwneud â'r cysgodion, gan ddefnyddio hefyd y gair 'teip' mewn un man:

Ac Isaac gawn yn eglur yn ei gysgodi ef,
Ac yn bodloni marw wrth bur orchymyn nef,
Ac yn cyfodi o farw i fyny fel i fyw, –
Yn deip o atgyfodiad yr hwn eneiniodd Duw.

Roedd baich coed y poeth-offrwm ar gefn Isaac a'r groes ar gefn yr Iesu yn un o hoff enghreifftiau esbonwyr, ac fe gynhwysir prif gymeriadau eraill yr Hen Destament hefyd ym mhenillion Pantycelyn. Y mae un pennill yn casglu nifer o ffenomenau o'r byd naturiol at ei gilydd:

'R oedd dyfroedd Llyn Bethesda, a'r Manna melys, mân,
Y niwl uwchben y babell, y nos a'r golofn dân,
Y graig fawr a'u dilynodd, a'r dyfroedd ddaeth i ma's
Yn gysgod eglur o fy Iesu mawr a'i ras.

Yn darawiadol iawn y mae ar yr un pryd yn gosod y bardd ei hun yn y ffrâm: '*fy* Iesu mawr', y cam cyntaf tuag at ddwyn aelodau'r seiadau i mewn i drefn rhagluniaeth hefyd. Mewn emyn o ddeugain pennill yn ail ran *Hosanna i Fab Dafydd* (1753) gyda'r teitl 'Crist yn ateb y Cysgodau, Arch Noah, Isaac, Jacob, Ysgol Jacob, Job, Joseph', fe restrir nifer helaeth o'r personau a'r digwyddiadau o'r Hen Destament sy'n rhagfynegi Crist ac fe barheir i ddwyn y presennol i mewn i'r estyniad hanesyddol (cofier mai amgyffred amser yn un llinell yr oedd yr Hebreaid): 'Fy Isaac yw, collodd ei wa'd', 'Ein Jacob mawr, plediodd â'm Duw', 'Môr pres wyt Ti sy'n llawn o ddw'r, / Ac yma yn siwr mi ymolchaf'. Ac fe geir yr un math o neges yn y gerdd 'Ateb i Wr Boneddig' (1784):

> Ddyn, darllen dyddiau Moses, boreuddydd t'wyniad gras,
> Gwel wres y dawnsio, a'r canu, 'n ol iddynt gario'r maes,
> Gorfoledd a llawenydd yn tori maes yn lli',
> A'u concwest ydoedd gysgod o'n concwest hyfryd ni.

Ond y marwnadau sy'n dangos orau sut y mae Williams yn cynnwys ei bobl ef yn y deipoleg estynedig. Y mae'r enghraifft gliriaf yn bur ddiweddar, sef ym marwnad Mrs Catherine Jones, o blwyf Trefddyn yn Sir Fynwy, a fu farw ar 10 Mawrth 1789:

> Mae'n cymeryd llyfrau Moses,
>   A'r cysgodau maith o'r bron,
> A'u cymhwyso mae yn gyson
>   At yr iachawdwriaeth hon;
> Mae'n deongli'r manau tywyll
>   Ag fu iddi gynt yn hir,
> Ac fe yfodd yn y diwedd
>   O honynt ddyfroedd gloew, pur.

Yn ei *Saints' Everlasting Rest* (1649) y mae Richard Baxter yn darparu rhestr o bedwar a deugain o bobl y gellir disgwyl eu cyfarfod yn y byd a ddaw, gan gynnwys cymeriadau Beiblaidd ond hefyd Luther, Zwingli, Calfin ac yn y blaen.[9] Dyna'n

union sy'n digwydd yn y marwnadau: mae Mrs Grace Price, y
Watford, a fu farw yn 1780:

Gyda Cenic, Watts, a Harvey,
   Whitfield, Luther fawr ei fri,
Jerom, Cranmer, Huss, a Philpot,
   A merthyron, – nefol lu.

Ac y mae marwnad y Parchedig William Davies o Gastell-
nedd (1787) yn gosod y mater yn blaenach fyth:

Dyma'r modd, medd fy nychymyg,
   Y croesawyd ef i'r nef,
I blith miloedd o rai perffaith
   Ag oedd yn ei 'nabod ef;
Whitefield, Davies fwyn a Harries,
   A phregethwyr gwresog iawn,
Wedi gorffen ar eu llafur
   Er y cynnar hir brydnawn . . .

Yna 'fe gyfarfu â gwragedd serchog . . . Mrs. Watkins, Pal o'r
Dryslwyn, Prisi, . . . hoff Jane Jones o'r Bala draw'. Wedyn fe
restrir Abra'm, Isaac, Jacob, Joseph, Paul, Ioan, Pedr, Apolos,
ac

Fe ga'dd weled Mrs. Edwards,
   O Abermeirig, gynhes, glyd,
A wnaeth ddefnydd o'i thalentau
   Hyd yr eithaf yn y byd;
Am ei rhyfedd garedigrwydd
   Yn lletya myrdd o saint
Yno'n derbyn mawr ogoniant
   Nad oes neb fynega ei faint.

Un gair arall am y cysgodion. O dro i dro fe geir yng

ngwaith Pantycelyn gyfeiriadau at y mil blynyddoedd, er
enghraifft mewn llythyr at Howell Harris ar 7 Rhagfyr 1745:
'is the Gospel preachd thro the whole world as promised in ye
Gospel by our Saviour himself—no no all America as yet never
herd such a thing—has ye great Babilon [sef y Babaeth] fallen
no no its time I hope is at hand—as ye poor ignorant sinfull
and reproachfull jews ben calld Rom 11 no but tis certain
to come has the Devil been bound for 1000 years Rev 19 I
suppose not . . . [but] we have great reason to Expect these
things in short [h.y. mewn byr amser]—Dark cloud in the
morning is no proof ye Day is far—' [yntau'n dal i ganu yn o
debyg yn 1771, 'Mi wela'r cwmwl du yn awr ymron a ffoi'].
Ond nid oedd ganddo hafal ymlyniad at Filflwyddiaeth â nifer
o Biwritaniaid, gan gynnwys yng Nghymru Vavasor Powell a
Morgan Llwyd, ac yn bendant nid yr un sicrwydd (er mai'r un
fyddai'r targedau):

Nid iw oes y byd ond wythnos
ar mawr sabbath sydd yn agos
Paratowch cyn dyfod trigain
Gwae'r Twrk, Cythrel, Cnawd, a Rhufain.

Gweithiau Morgan Llwyd (1899) I, t. 60

Efallai mai fel ôl-milflwyddiwr cymedrol y dylid ei ddisgrifio
(sef y garfan oedd yn credu mai dilyn lledaeniad cyfiawnder
drwy'r ddaear fyddai Ail Ddyfodiad Crist i deyrnasu am fil o
flynyddoedd). Fe ymestynnwyd teipoleg, i fesur helaeth drwy
ddelweddau apocalyptaidd Llyfr Daniel a Datguddiad Ioan,
i fod yn broffwydoliaeth o hanes seciwlar y byd hyd at ein
dyddiau ni, ac fe aeth llawer o ddyfeisgarwch i'r gwaith ofer o
geisio cysylltu digwyddiadau cyfoes Ewrop â dirywiad tybiedig
Eglwys Rufain a Mahometaniaeth, yn ogystal â phenderfynu
pa bryd y deuai'r Milflwyddiant. (Un o'r llyfrau mwyaf
nodedig yn hyn o beth oedd *An Essay upon the Revelation of*

Saint John, so far as concerns the Past and Present Times, 1706, gan William Whiston – gŵr y cyfeirir ato yn nhroednodiadau *Golwg ar Deyrnas Crist* – ac nid oedd y ffaith ei fod wedi cyhoeddi 1716 fel y flwyddyn dyngedfennol yn lleihau fawr ar ei ddylanwad yn y blynyddoedd ar ôl hynny.) Sut bynnag am hynny, fe gawn Williams yntau yn proffwydo'n deipolegol yn y traethawd bychan *Aurora Borealis,* 1774, a hysbysir yn drawiadol iawn yn is-deitl y *Liber Miscellaneorum,* 1773: '. . . y dyddiau hyn, pan mae (er i'r gaiaf oer a thywyll fyned heibio, ac i'r Haul ddyfod i artrefu y tu yma i'r Gyhydedd nes bywioccau holl lysiau'r maes a llanw'r Ddaear o flodau)—Etto, whynn aneirif yn tyfu ac yn peri i'r hwsmon trafferthus wangalonni o weled cynhaiaf Llawn; ond wrth godi ei ben ac edrych ar yr *aurora borealis,* arwydd y mil blynyddau yn agoshau, mae ef yn gorfoleddu mewn ydlan lawn.' Yn awr, y mae Williams yn ceisio profi bod yr arwyddion yn y nefoedd yn dangos nad yw dydd yr Ail Ddyfodiad ymhell ac fe wneir hynny mewn nifer o gymariaethau. Sylwn ar un yn unig, y lliwiau. 'Mae yn ddiau fod y glas, coch, gwyn, melyn a phorffor yn cysgodi dioddefaint y Meseia tan yr Hen Destament: darllenwch ond Ecs. xxviii a Lef. viii, cewch holl wisgoedd yr archoffeiriaid yno wedi eu gwneud o'r lliwiau hyn, sef aur, sidan glas, porffor, ysgarlet, a lliain main; eu gyd yn arwyddocáu clwyfau, cleisiau, a gwaed y Iachawdwr, ynghyd hefyd a diniweidrwydd ei fywyd . . .'. Y mae'r gymhariaeth yn un o glasuron teipoleg, sydd yma hefyd yn magu ystyr gyfoes a phroffwydoliaethol.[10]

Ond y brif deipoleg, yn enwedig yn emynau Pantycelyn, yw'r ecsodus. Roedd crwydriadau cenedl Israel wedi cael eu hystyried yn rhagfynegiant o fywyd y Cristion o rybuddion Paul ymlaen (I Corinthiaid 10. 1–12), ond y mae'r Piwritaniaid hefyd yn mynd yn ôl i'r alltudiaeth o Eden, y darlun cyntefig arswydus o ddieithriad dyn oddi wrth Dduw ac oddi wrth y byd o'i amgylch. (Efallai hefyd, fel yr awgryma Hunter, fod

delweddau teithio yn cynhyrfu'n arbennig yn yr ail ganrif ar
bymtheg, cyfnod y mordeithiau a'r darganfyddiadau newydd.)[11]
Fe fanylir ar elfennau unigol cylchfyd y daith: y gaethiwed
yn yr Aifft, tywyllwch yr Aifft (Ecsodus 10. 22), yr anialwch,
y dŵr o'r graig, y Cyfamod, ac wrth gwrs yr Iorddonen a
Gwlad yr Addewid. Dyma ddaearyddiaeth foesol Pantycelyn.
Ddechrau Rhagfyr 1743 fe glywodd Harris bregeth ganddo
ar Ecsodus 25. 25: 'he spiritualized ye Israelite journey, there
came very great Power indeed and there was great crying out';
ac y mae ei emynau cynnar yn nwy ran gyntaf *Aleluia*, o fewn
blwyddyn i'r bregeth, yn cynnwys hanner dwsin ar y testun
'pererindod', tri ohonynt yn agor gyda'r llinell, 'Pererin wyf'.
Y mae'r pennawd uwchben y chweched emyn o'r rhan gyntaf
yn darllen: 'Yn cynnwys hiraethlon Ddymuniad y Cristion, i
foliannu'r Arglwydd Iesu, am ei ddwyn, o'r Aipht, i Ganaan;
o Gaethiwed i Rhydd-did', ac fe restrir gorsafoedd y daith yn
fanwl:

> Fe 'm tynnodd I trwy Ddw'r a Than,
>   O'r dywyll *Aipht* y ma's;
> I'm cadw 'n lan rhag *Pharaoh* a'i Lu,
>   Agorodd For o werthfawr Wa'd:
> Annwyl Iesu dygaist fi,
>   I'r Wledd sy' *Nghanaan* Wlad.

Yna fe gawn Sinai fryn, Manna'r Nef, bywiol ddŵr, yr anial,
Pisga Fryn, Salem Dir ac yn y blaen.[12] Sylwer, gyda llaw, ar y
Môr Coch fel teip o waed Crist, dehongliad cyffredin iawn
ymhlith y Piwritaniaid: er enghraifft, y mae Thomas Taylor
yn *Christ Revealed* yn cyflwyno Moses fel teip o'r Crist sy'n
agor 'the way of the Red Sea to believers, giving the grace of
baptism through the Red Sea of his blood.'

'Dieithriaid a phererinion ar y ddaear' meddai'r Epistol at yr
Hebreaid, ac y mae'r ddelwedd yn amlwg iawn ym mhregethau

a myfyrdodau'r ail ganrif ar bymtheg a'r ddeunawfed ganrif. Teitl un o bregethau Daniel Rowland yn ei *Bum Pregeth*, 1772, oedd 'Happusrwydd y Duwiol, neu Newydd da i'r Pererinion'. Ac nid yw neb yn debyg o anghofio *Taith y Pererin*, llyfr, yng ngeiriau Saunders Lewis, a 'stampiodd ar ddychymyg Cymru ac ar fyfyrdod Williams . . . y symbol hwn [pererindod] o fywyd crefyddol.' Breuddwydiol ac alegorïol yw stori Bunyan, ac y mae lefelau eraill yn emynau Pantycelyn, ond fe esyd gyfeirnod sicr yn ei agoriad: 'As I walk'd through the wilderness of this world'. Yn naturiol ddigon yr oedd Piwritaniaid Lloegr Newydd yn ymwybodol iawn o beryglon yr anialwch. Y mae William Bradford, un o arweinwyr y Tadau Pererin, yn cyfeirio at 'a hideous and desolate wilderness, full of wild beasts and wild men', ond roedd peryglon ysbrydol yr un mor bwysig iddynt, fel y dengys un o gerddi Anne Bradstreet lle mae'r pererin yn y nefoedd yn edrych yn ôl ar

> his dangers past, and travailes done
> > The burning sun no more shall heat
> > Nor stormy raines, on him shall beat.
> The bryars and thornes no more shall scratch
> nor hungry wolues at him shall catch ... [13]

Yng Ngeiriadur Rhydychen fe ddyfynnir o'r Annibynnwr o Biwritan Thomas Brooks (1608–80) fel a ganlyn: 'A wilderness-condition is . . . a condition of straits, wants, deep distresses and most deadly dangers', ac roedd y brodyr Wesley hefyd yn glynu wrth y term. Y mae hi'n werth dyfynnu o un o bregethau John: 'After God had wrought a great deliverance for Israel, by bringing them out of the house of bondage, they did not immediately enter into the land which he had promised to their fathers; but "wandered out of the way in the wilderness," and were variously tempted and distressed. In like manner, after God has delivered them that fear him out of the bondage of sin and Satan; . . . the greater part of them wander, more or less, out of the good way into which he had brought them. They come, as it were, into a "waste and howling desert," where they are variously tempted and tormented. And this, some, in allusion to the case of the Israelites, have termed, "a wilderness state".'[14]

Dyma anialwch Pantycelyn. Yn ail ran *Ffarwel Weledig*, 1766, fe welir emyn, nid un o'i oreuon, sy'n cysylltu'r daith drwy'r anialwch â'r unigolyn ('fy enaid'), y ddynoliaeth ('ein taith'), a'r Gwaredwr:

> Mae ein taith i'r nefol fyd,
> Trwy anialwch mawr ei hyd;
> A bwystfilod ynddo'n llawn.
> Oll eu gyd yn greulon iawn;
> Iesu nid oes ond dy ras,
> Ddeil fy enaid trwyddo ma's.
>
> Daccw'r llew sy'n gwilio o hyd,
> Temtasiynau maith y byd;
> Tannu ei rwydau yn mhob man,
> Cwympo'r cadarn, cwympo'r gwan.

Ond sylwch beth sy'n digwydd yn un o'r emynau mawr (o drydedd ran *Ffarwel Weledig,* 1769); nid sgaffaldiaeth teipoleg yr ecsodus sy'n bwysig, ond yr hyn a adeiladodd Pantycelyn wrth ei ddefnyddio:

> Tyred Iesu i'r anialwch
>   At bechadur gwael ei lun,
> Gan-waith drysodd mewn rhyw rwydau
>   Rhwydau weithiodd ef ei hun;
> Llosg fieri sydd o'm cwmpas,
>   Rho fi sefyll ar fy nhra'd
> Moes dy law ac arwain trosodd
>   F'enaid gwan i dir ei wlad.

Yr un yw'r rhwydau, ond eu bod yn awr nid yn demtasiynau haniaethol ond yn rhan annatod o'i gymeriad ef ei hun: yr un ddibyniaeth ar yr Iesu am waredigaeth, ond y cyfarch yn awr yn uniongyrchol, yn ddirweddol: 'Tyred' ('Dere' mewn rhai emynau), 'rho', 'moes dy law'. Ac erbyn y trydydd pennill, er ein bod o hyd yn crwydro, y mae'r tirlun wedi newid, wedi ymgartrefu yng Nghymru yn ogystal ag yn yr Ysgrythur ac yn yr enaid:

> Mi anturia doed a ddêl
> Dreiddio trwy' afonydd dyfnion
> ....
> Fyth ni fetha 'gredo ynot,
> ....
> Mi a' 'mlaen, a doed a ddelo,
>   Graig a thylau ar dy ôl.

Dyma ni felly yn croesi afon Gwy yn hytrach na'r Iorddonen, ac yn dringo tyleau Sir Gaerfyrddin.

Y mae teipoleg yr ecsodus yn rhagdybio Gwlad yr Addewid, a'r arweinydd ar y daith: 'Arglwydd, arwain trwy'r anialwch'. Canaan yw un o ddelweddau pwysicaf y Piwritaniaid ac nid yw llyfr Thomas Gouge,[15] *The Young Man's Guide through the Wilderness of this World to the Heavenly Canaan*, 1670, ond yr enghraifft fwyaf nodweddiadol o'r ffurf. Fe gawn ddisgrifiad hynod fasnachol o'u pwrpas mewn pennill gan Dafydd Jones Pontypŵl mewn cerdd ragarweiniol i'w efelychiad o Bunyan, *Pererindod Ysprydol, o'r Aipht i Ganaan, tan Rith Breuddwyd:*[16]

> Chwitheu sydd yn Bererinion
> Ar y ffordd tu a mynydd Seion,
> Prynwch hyn o Lyfr bychan,
> I'ch cyf'rwyddo tu a gwlad Canaan.

Yn Lloegr Newydd, er yr holl bwyslais ar anialwch, roedd tuedd yn y blynyddoedd cynnar cyn y dadrithio i uniaethu'r Ganaan ysbrydol â'r bendithion materol oedd i'w disgwyl dan y gyfundrefn dduw-lywodraethol. Nid llwyddiant i'r unigolyn, o angenrheidrwydd, ond sicrwydd y byddai'r anturiaeth yn ei chyfanrwydd yn ffynnu, a'r sicrwydd yn codi nid o esiampl cenedl Israel ond o'r gred mai estyniad o'r teipiau sydd i'w ganfod yn hanes y ddiadell, ac felly fe gysylltir manylion o bob math (y rhyfel yn erbyn yr Indiaid, er enghraifft) â'r llinell sy'n rhedeg o'r Ysgrythurau.[17]

Y mae Canaan Pantycelyn yn wahanol. Er cymaint ei ofal bugeiliol dros ei braidd, a welir mor glir yn ei adroddiadau ar y seiadau ac yn ei draethodau a'i farwnadau, ac er mor frwd ei ddiddordeb ym materion cyfoes ei ddydd, nid oes ond ychydig iawn o gyfeiriadau yn yr emynau at *gwmni'r* pererinion, na fawr ddim y gellid ei alw yn gymdeithasol. Yn ei lythyr at Harris, 7 Rhagfyr 1745, a ysgrifennwyd dan fygythiad yr Ymhonnwr 'Bonnie Prince Charlie' ac sy'n gweddïo dros 'King George and his peacable government', fe gyfeirir at 'the old generation that came from Egypt of immorality both ministers and people are murmuring and unbelieving and chuse rather to die in the wilderness of bondage and Darkness or return to Egypt of sin to ye old companions than venture or to fight for; conquer and possess the promised land of Xian liberty'. Ond personol yw'r emynau; gan amlaf, Pantycelyn a'i Grist yn unig sydd ynddynt. Hyd yn oed yn y cyfeiriadau at gwmni'r saint, y nodyn personol sydd amlycaf:

> Mi wela' fyrdd tan sêl
>   Fu yn ofni fel fy hun,
> 'Nawr wedi dringo creigydd serth
>   Eu gyd, trwy nerth yr Un
> ....

Ynghyd â'r dyrfa faith
  O'r dyfroedd ddaeth i'r lan:
Cawn seinio anthem bur ynghyd
  Yn hyfryd yn y man.

Ffarwel Weledig II

Fe atgyfnerthir y personol gan gyfeiriadaeth ofodol, leolol yr iaith:

Wele'r Ganaan hyfryd wiw,
Dyma'r ardal caf fi fyw –

Ffarwel Weledig III

Dacw'r hyfryd fan ca' i drigo

Môr o Wydr I

Dacw'r gwledydd hyfryd helaeth,
Roddwyd i mi yn etifeddiaeth

Ffarwel Weledig I

Dacw'r ardal, dacw'r hafan
Dacw'r nefol hyfryd wlad

Ffarwel Weledig III

Ac fe ellid lluosogi enghreifftiau; y ryfeddaf ohonynt efallai yw'r pennill sy'n dod ar ddiwedd emyn pur gymysglyd yn *Gloria in Excelsis*, emyn sy'n rhuthro o 'afon ar ôl afon', i 'donnau mawrion', 'cenllif coch' a 'llwybrau geirwon' cyn dal yn sydyn yn y ffrâm ddarlun hynod gorfforol a gweledol sy'n uno'r emynydd a'r saint:

'Rwyf fi'n caru'r pererinion
  Ar y tylau serth y sy,
Ar eu traed ac ar eu dwylo,
  'N ceisio dringo fynu fry;
    Ar fy neulin,
Minnau ddof i ben y bryn.

Tebyg hefyd yw'r modd y cyferchir Crist, gyda'r awgrym cyson o gyffyrddiad corfforol:

> O Ffrynd troseddwyr moes dy law,
>   A thyn fi draw i dre
>
> *Aleluia* V

> O dere 'lawr, Dywysog nen,
>   A thyn fy mhen i'n rhydd
>
> *Ffarwel Weledig* III

['hwrdd wedi ei ddal erbyn ei gyrn mewn drysni', Genesis 22. 13]

> Iesu cymmer fi'n dy gôl, rhag diffygio,
> Na'd fy enaid bach yn ôl, sy'n cyrwydro;
> Arwain fi trwy'r anial maith, aml rwydau,
> Fel na flinwyf ar fy nhaith nes myn'd adre'.
>
> *Rhai Hymnau Newyddion*

Pen llanw'r disgrifiadau o'r berthynas â Christ yw'r delweddau sy'n tarddu o Ganiad Solomon. Y mae'r esboniad alegorïaidd ar y llyfr, sef y briodas rhwng Crist a'r Eglwys (neu weithiau Crist a'r enaid unigol fel rhan o'r Eglwys) mor hen ag Awstin ac Origen, ond yn yr ail ganrif ar bymtheg fe ychwanegir dehongliadau teipolegol sy'n caniatáu gweu y cyfan i mewn i gynllun proffwydol a hanesyddol, datblygiad yr Eglwys o'r cychwyn hyd at y dyddiau diwethaf. Bu cryn lawer o frwydro rhwng y ddau safbwynt, ac o'u cymysgu hefyd, ond y canlyniad ymhlith y Piwritaniaid oedd eu bod yn gallu cymhwyso'r Gân i'w hamgylchiadau personol drwy ganfod ynddi stadau'r bywyd ysbrydol a hanesyddol, pererindod yr etholedigion trwy helyntion a themtasiynau i'r sicrwydd deublyg o ogoniant milflwyddol y briodasferch, yr Eglwys, ac o'r berthynas orfoleddus gariadus rhwng yr enaid unigol a Christ.[18] Nid uniad cyfriniol mohono'n hollol i'r Piwritaniaid, ond yn hytrach adlewyrchiad o'r briodas Gristionogol. Yn ôl

Richard Sibbes fe gawn 'a glorious Communion in heaven, when the marriage shall be consummated, but now the time of this life is but as the time of the contract, during which there are yet many mutuall passages of love between him and his Spouse, a desire of mutuall Communion of either side'.[19] Neu, yng ngeiriau Mary wrth Martha yn y *Cyfarwyddwr Priodas*: 'Bellach, wedi crwydro yn hir oddi wrth dy Briod ysbrydol, dere yn ôl at dy garodd yn well na neb is yr haul . . . Gwir undeb â Mab Duw rydd i ti yr un ysbryd tan y groes ag oedd ynddo ef ei hunan.'

Y mae nifer o emynau cynnar yn adleisio'n glir nodau Caniad Solomon:

Lletya heno'm Prynwr prudd,
Rhwng fy nwyfron, nes gwawrio'r dydd,
   Fel pwysi o nefol fyrr:
Y borau, cymmer fi'n dy law,
Ni roddwn dro i'r Ganaan draw
   I weld p'radwysaidd dir.

Aleluia IV

Ond fe gawn yr un tant ymhen pymtheng mlynedd yn *Môr o Wydr* I (a braidd fel un o delynegwyr yr ail ganrif ar bymtheg, Cowley neu Herrick efallai):

Tyr'd fy anwylyd, tyr'd i ma's,
O dwrf y byd a'i ddwndwr cas;
. . . .
Awn i'r pentrefydd cyn hwyrhau,
Lle mae terfysgau'r byd yn llai;
Cawn garu yno o awr i awr,
Nes gwawrio'r tragwyddoldeb mawr.
. . . .
O dere, Arglwydd, dere'n glau,
Mae 'nawr yn tynnu at hwyrhau;

Mae twrf a rhwysg y ddinas fawr,
Yn curo'm henaid bach i lawr.

A deng mlynedd ar ôl hynny, yn *Gloria in Excelsis,* uchafbwynt y dyhead am Grist yr anwylyd, ac am hapusrwydd y wlad tu draw i'r anial fynyddoedd:

'Rwy'n edrych dros y bryniau pell,
    Am danat bob yr awr,
Tyr'd, fy anwylyd, mae'n hwyrhau,
    A'm haul bron myn'd i lawr.

Hanfod diwinyddiaeth y Piwritaniaid oedd y cwestiwn ingol o sicrwydd ynghylch pwy oedd i gael mynediad i'r Ganaan nefol, a beth oedd a wnelo hyn ag ymddygiad a chymeriad y Cristion yn y byd. Calfinaidd oedd daliadau y rhan fwyaf ohonynt ac fe boenid y rhai llai anhyblyg gan ganlyniadau athrawiaeth etholedigaeth. Os oedd dyn yn gwybod ei fod yn gadwedig sut bynnag, pa bwynt oedd mewn byw yn dda? Dyma Antinomiaeth, y gred nad yw'r ddeddf foesol yn rhwymo'r etholedigion, a flinai cymaint arnynt ac ar Williams. Un o'r gwŷr a roes y cynnig mwyaf effeithiol ar ddatblygu amrywiad Calfinaidd boddhaol oedd John Preston, mewn casgliad o bregethau, *The New Covenant* (1629).[20] Yn fyr, dyma'r ddadl: wedi i ddyn, drwy Adda, dorri'r Cyfamod cyntaf, Cyfamod Gweithredoedd, fe drefnodd Duw o'i wirfodd gytundeb newydd, Cyfamod Gras, i achub rhai drwy aberth Crist. Pa rai? Y rhai sydd i mewn yn y cyfamod, y rhai sydd yn credu. 'If you beleeve, it is certaine then, thou art within the Covenant,' meddai Preston, 'if thou canst finde this now, that thou art able to take Jesus Christ, to take him as a Lord and Saviour, thou art able to beleeve all the Covenant of Grace, thou art by that put into the Covenant.'[21] Ac un cam ymhellach. Er nad oes unrhyw deilyngdod mewn dyn, ac er nad oedd yr etholedigion yn haeddu gwaredigaeth nac yn gallu ei ennill, roedd yn rhaid iddynt ymdrechu i'w ennill. Yr ymdrech sy'n eu sicrhau eu bod yn wir o fewn y cyfamod. Dyma, medd Christopher Hill, beth yw gadael i weithredoedd da ddod i mewn o'r newydd, trwy ddrws y cefn. Nid fy mwriad yw ceisio clymu Williams i'r union ddaliadau hyn, er iddo ddarllen Preston (a Sibbes oedd yn cynnig yr un math ar athrawiaeth), ac er iddo yn *Golwg ar Deyrnas Crist* a *Theomemphus* drafod tipyn ar natur ac effeithiau Cyfamod Gras. Y mae Tudur Jones hefyd wedi dangos fel y bu i'r ddiwinyddiaeth gyfamodol neu ffederal hon flodeuo ymhlith y Piwritaniaid Cymreig.[22] Ond y pwynt sylfaenol yn y fan yma yw bod Pantycelyn yn gallu defnyddio patrymau athrawiaeth oedd yn lliniaru peth ar erwinder Calfin ei hun, ond heb aros (fel y gwna Orthocephalus yn *Theomemphus*) gyda'r syniadaeth gyfreithiol, gytundebol. Sylwer ar eiriau Preston eto: 'if thou art able to take Jesus Christ, to take him as Lord and Saviour'; ychwanegiad Pantycelyn at hyn yw ei gymryd fel 'anwylyd'.[23]

Roedd y Piwritaniaid yn pwysleisio'n gyson effeithiolrwydd pregethu fel moddion i gyhoeddi'r Cyfamod Gras ac i ddylanwadu ar reswm a theimlad er mwyn adfer y sawl oedd ar grwydr. Fe wnaed hynny yn achos Williams gan bregethu Howell Harris:

Dyma'r boreu, fyth mi gofiaf,
  Clywais innau lais y Nef;
Daliwyd fi wrth wŷs oddi uchod
  Gan ei sŵn dychrynllyd ef,

ac y mae'n gweld yr un effeithiau'n deillio hyd yn oed o ymdrechion trwsgl hen ffrind o gynghorwr, Dafydd John, Pwll-y-March, a fu farw yn 1776:

Teimlad oedd ei nerth a'i fywyd,
  Awel nefoedd oedd ei rym;
Heb i'r dwyfol wynt anadlu
  Fyth ni cherddai ei lestr ddim:
Nid oedd rhwyfau yn ei berchen,
  Ond wrth rym yr awel bur
'R oedd e'n dwyn y seintiau trosodd
  Mewn i'r paradwysaidd dir.

Tebyg yw profiad Theomemphus wedi gwrando ar bregeth Efangelius:

Na thawed haul na lleuad nac un o wellt y ma's
Heb seinio clod yn rhywfodd i waredigol ras;
Gras sydd yn gwneud yr aflan ffieiddiaf ddyn yn lân,
Gras safiodd *Theomemphus* i maes o uffern dân.

O Iesu, pwy all beidio dy ganmol ddydd a nos?
A phwy all beidio cofio dy farwol ddwyfol lo's?
....

ac yna:

Mae *Theomemphus* eto yn cofio am y lle
'R anadlodd ar ei enaid dawelaf wynt y ne';
Ac byth nid â ef heibio i'r glaslwyn hyn o go'd
Heb feddwl am y funud, a rhoddi i'w Arglwydd glod.

Ac enw newydd gantho 'n awr ar y weirglodd sydd, –
'Hon yw *Jehofa-jire,* man tynnodd Duw fi'n rhydd . . . '

'Jehofa-jire', fe gofir, oedd yr enw a roddodd Abraham ar y man lle cafwyd yr hwrdd yn y drysni a'i aberthu yn lle Isaac: Genesis 22.14. Dyma felly glymu profiad tröedigaeth yr unigolyn Theomemphus (sylwer ar y newid o'r trydydd person i 'man tynnodd Duw fi'n rhydd') â'r holl hanes ysgrythurol, yn ogystal â'r byd naturiol. Ond cofier nad ydym fawr mwy na chwarter y ffordd drwy'r gerdd; y mae crynodeb Pantycelyn uwchben rhai o'r penodau canlynol yn dangos beth all ddigwydd wedyn: IX. 'Gelynion ysbrydol yn codi, ac yn peri i Dduw ymguddio'; X. 'Yr anrhaith a wnaeth Rhyfyg, Hunan-dyb, a Hyder Gnawdol yng nghalon *Theomemphus*, ac fel y daeth y Byd a'r Cnawd, a lluoedd o elynion eraill i gael goresgyn ei holl enaid'; XI. 'Duw yn ymddiddan ag ef ei hun pa beth oedd i wneud i *Theomemphus* wrthgiliodd, yn penderfynu ei fynnu yn ôl yn ddiatreg; cystuddiau yn methu; ond . . . Duw yn danfon ei Ysbryd, yr hwn a'i goleuodd i weled ei gyflwr . . . Myfyrdodau *Theomemph*' ar ei gyflwr':

''R wy' yn ffieiddio'm hymffrost a'm geiriau mawrion, hy, –
Ffydd, sicrwydd, addewidion, heb ddeall un o'r tri;
. . . .
'O dere, Iôr tragwyddol! mae ynot ti dy hun
Fwy moroedd o drugaredd nag a feddyliodd dyn;
Os deui at *Theomemphus*, a'i godi ef i'r lan,
Ei galon gaiff, a'i dafod, dy ganmol yn y man.'

Yna ym Mhennod XII y mae'n ei gael ei hun 'tan demtasiynau cabledd' (fel Bunyan yn *Grace Abounding,* gyda llaw) ac yn XIII y mae Satan yn ei 'demtio ef i gysgu' ac hefyd yn anfon Philomela i'w demtio â chariad bydol, sy'n arwain y Dr Aletheius i'w gynghori yn hynod anffeministaidd:

'Na osod un creadur yn uwch nag dylai fod,
'N enwedig un osodwyd yn is na gwryw erio'd . . . '

Teg dweud nad yw Williams ei hun yn ymddangos yn hollol hapus efo'r rhannau yma, fel y dengys troednodyn maith yn cyfiawnhau'r traethiad ar natur cariad bydol drwy ddangos bod angen y fath wersi ar y bobl ifainc. Gadawn *Theomemphus* yn y fan yna, ond nid heb helyntion eraill i ddod.

Nid rhyw un digwyddiad digyswllt yw tröedigaeth felly i Williams mwy nag i'r Piwritaniaid; cymharer yr hyn a ddywedwyd eisoes am Thomas Goodwin. Y mae tröedigaeth yn cydredeg â nifer o nodweddion eraill: 'ffydd, sicrwydd ac addewidion' fel y dywed Theomemphus, ond hefyd ofnau, anobaith a hunanymostyngiad. Yn ei hunangofiant y mae Thomas Goodwin yn enwi'r ddeubeth sy'n anhepgor yn nhrefn yr achub: argyhoeddiad dyn o'i bechod a'i brofiad o faddeuant. Y mae Cyffes Westminster a llawer o'r pregethwyr Piwritanaidd yn manylu ar hyn drwy ddiffinio pum gris yn y bywyd ysbrydol: etholedigaeth, galwedigaeth effeithiol, cyfiawnhad, sancteiddhad a gogoneddiad. Digon i ni efallai fydd sylwi ar ganlyniadau rhai o'r grisiau. Yn ôl Catecism Byrraf Westminster (dyfynnir o argraffiad 1802), 'Sancteiddiad yw Gwaith Ysbryd Duw, trwy ba un yr adnewyddir ni yn yr holl ddyn, yn ôl delw Duw, ac a'n nerthir ni fwy fwy i farw i bechod, ac i fyw i gyfiawnder', a'r 'doniau sydd yn canlyn . . . ydynt sicrwydd o gariad Duw, heddwch cydwybod, llawenydd yn yr Ysbryd Glân, cynnydd mewn gras, a pharhad hyd y diwedd.' Hynny yw, roedd sancteiddhad yn arwain y Cristion i gydnabod ei bechodau ac edifarhau, i ymdrechu'n fwy dyfal i fyw bywyd teilwng, ac i ddyfalbarhau er gwaethaf unrhyw amheuon a themtasiynau. 'So that, my beloved,' meddai Preston yn y *New Covenant*, 'a godly man, he may be many times defiled with sin & uncleanliness, he may have his heart many times muddy and impure, he may have it clouded and overcast with passions and unruly affections, but yet it cleares up again, and he comes out of them all with more brightness, and with more clearness and pureness of heart.'[24] Yna yn y gogoneddiad, y gris olaf, fe symudid pob amheuaeth ynglŷn ag etholedigaeth, ond mater o ddadl oedd a fyddai hynny'n digwydd yn y byd hwn. Hawdd gweld pa mor bwysig yr oedd hi i'r Piwritaniaid i wybod yn iawn beth o'r gloch oedd hi ar yr enaid, ar ba ris yr oeddynt.

Er mwyn cynnal a chysuro'r saint yn y cyfnodau o anobaith fe gafwyd llyfrau fel Richard Sibbes, *The Saints Cordialls* (1637), William Twisse, *The Riches of God's Love unto the Vessels of Mercy* (1603), John Downame, *A Treatise of Securitie* (1622) neu Thomas Brooks, *Holiness and Happiness* (1662), ac fe roddwyd cymorth yn y brwydrau ysbrydol gan weithiau fel Sibbes, *The Soules Conflict with it selfe, and Victorie over it selfe by Faith* (1635). Ond yr un mor ddylanwadol, os nad mwy, oedd cyfrolau i gyfarwyddo'r Cristion sut i adnabod ei gyflwr. Un ohonynt oedd *Dwys ddifrifol Gyngor i Hunan-Ymholiad*, trosiad Thomas Baddy yn 1713 o waith Thomas Wadsworth (1660): 'y nêb a fynne adnabod ei galon, sy' raid fod a'i lygad *o mewn*, yn oestad yn meddylio a'r ei *ddyn-o mewn*, er mwyn gweled pa fodd y mae ei galon yn sefyll *tuag at Dduw.*' Fe â ymlaen i esbonio'n fanwl 'y Rhesymmau o herwydd pa rai . . . ei bod yn ddyledus arnoch i'ch holi eich hunain', yna 'y Rheolau wrth ba rai y dylech holi eich hunain, i'ch mesur eich hunain', wedyn 'yr amseroedd addas, a'r prydiau, a'r odfeûdd i'ch holi, a'ch profi eich hunain', ac yn olaf 'dangosaf i chwi ymmhâ fodd y gosodwch eich hunain at y Rheolau hyn, fel y galloch ddyfod i'r adnabyddiaeth o honoch eich hunain.' 'Hola,' meddai, 'dy *galon,* dy *feddyliau,* dy *serchiadau,* dy *gariad,* dy *ofn,* dy *amcanion,* dy *eiriau,* dy *weithredodd* tuagat Dduw a Dyn; gwêl bôb congl.'[25]

Hunanymholiad, dyna'r rheidrwydd:

Beth yw'r achos bod fy Arglwydd,
  Hawddgar grasol yn pellhau,
Neu yn guddiedig, neu yn gyhoedd,
  Mae rhyw bechod yn parhau?
....

Chwilia f'enaid gyrau'th galon,
  Chwilia'r llwybrau maith o'u bron,
Chwilia bob rhyw 'stafell ddirgel,
  Sydd o fewn i gonglau hon; . . .

Ffarwel Weledig II

Fe anogid y Piwritan i gofnodi'r chwilio mewn dyddiaduron preifat, gan sylwi'n fanwl ar weithredoedd a chymhellion, ar ddigwyddiadau teuluol a rhagluniaethol, ar demtasiynau a gwrthgiliad, ar ei weddïau a'i ddarllen. Fe wnaeth Harris hyn; fe ysgrifennodd Williams ei emynau a'i draethodau a *Theomemphus*. Oherwydd er mai preifat oedd y dyddiaduron fe gydnabyddid bod hunangofiannau ysbrydol yn gallu bod o gymorth i eraill ar eu taith. 'Fe redodd i fy neall fel y gwelwch,' medd y rhagymadrodd i *Theomemphus*, 'ac wrth feddwl y gall fod yn fuddiol, mi a'i printiais . . . Mi feddyliais i mi fyn'd â Theomemphus trwy brofedigaethau neillduol, – gwrthgiliadau, ofnau, dychrynfâu cydwybod, cwympiadau, codiadau, caethiwed, cysuron, heddwch, rhyfel, llawenydd, gorfoledd, llwybrau gau, llwybrau union, temtasiynau oddiwrth gyfeillion, gelynion, yr eglwys a'r byd, gau athrawon, gau athrawiaethau, crefydd y deall, gau ymorphwysiadau, a holl demtasiynau'r serchiadau, sef caru, casâu, hyderu, tristâu, llawenhâu, yn union neu yn gau, ac amryw o ddrwg a da eraill, nad aeth y Bunyan hwnnw sy'n awr yn y nef â'i Gristion ef.' Ni ellid gwell rhestr o destunau hunanymholiad y Piwritan.[26]

Camgymeriad fyddai ei gadael hi yn y fan yna. Yr hyn sy'n taro rhywun wrth wylio'r Piwritaniaid yw'r tyndra rhwng yr hunan-ddirmyg a'r amheuon ar y naill law a'r cadernid meddwl ac ymarweddiad ar y llall, rhwng anobaith a gweledigaeth, rhwng dinodedd a gogoniant tragwyddol. Felly Pantycelyn: 'Dyma'r tlawd a'r llesga' erioed' (*Ffarwel Weledig* II); 'Dyma'r tlawd, a thyma'r truan,/Sydd er's trist flynyddau hir,/Ol a gwrthol yn ymddrysu/'Rhyd y dyrys anial dir ...' (*Gloria in Excelsis*); 'Tan fy maich yr wyf yn gruddfan,/Baich o euogrwydd, baich o wae . . . ' (*Gloria in Excelsis*). Ond ar yr un pryd yn gyfarwyddwr a disgyblwr cadarn yn y seiadau, yn burwr moesau a chystwywr drwgweithredwyr yn y traethodau, yn ddigon bydol neu lygadagored ar ei wely angau i restru'r cyferbyniadau rhwng yr 'hwy' maleisus, balch, siaradus, celwyddog, twyllodrus a'r 'ni' maddeugar, gostyngedig, ystyriol, gonest, geirwir (y llythyr olaf at Thomas Charles).

Ai confensiwn yw'r gwaddol Piwritanaidd hunanddarostyngol felly? Go brin. Onid yr hyn sy'n digwydd yn achos Pantycelyn yw fod ei brofiad crefyddol-lenyddol yn cael ei foldio nid yn unig gan yr Ysgrythur ond gan y Piwritaniaid hefyd? Nid mater o ieithwedd yn unig yw hyn ond o awyrgylch meddwl; nid gostyngeiddrwydd ffug na gwag ymffrost yw pentyrru pechodau ond cyfle i garthu'r hunan drwy ei allanoli; nid techneg yw teipoleg, nid dyfais esboniadol ddefnyddiol, ond canfyddiad o Grist ynghanol yr arfaeth, a Williams a'i ddiadell ynghlwm yn y cynllun. Y mae 'fi' yr emynau yn llwythog o brofiadau dwy ganrif a'r 'fi', fel y gwelsom, sy'n bywhau, ond – a dyma'r rhyfeddod – drwy oleuni llachar y cynnwrf newydd fe deflir cysgodion y profiadau ar ryw gynfas enfawr nes bod Pantycelyn ei hun yn diflannu mewn ffigur mythig mwy nag ef ei hun.

Nodiadau

1. Fe geir crynhoad defnyddiol o'r safbwyntiau diweddar yn Margo Todd, *Christian Humanism and the Puritan Social Order* (Caergrawnt, 1987).

2. Basil Hall, 'Puritanism: the Problem of Definition', *Studies in Church History* 2 (1965), 283–96.

3. Patrick Collinson, *The Religion of Protestants* (Rhydychen, 1982), t. 485.

4. R. Tudur Jones, *Saunders Lewis a Williams Pantycelyn* (Abertawe, 1987), t. 31; Glyn Tegai Hughes, *Williams Pantycelyn* (Caerdydd, 1983), t. 125.

5. Nid wyf wedi enwi ond y rhai y gallaf deimlo'n bur sicr ohonynt. Gwelais y rhain i gyd yng nghasgliad Llyfrgell Trefeca yn y Llyfrgell Genedlaethol ac fe ellir eu holrhain yn ôl i lyfrgell Pantycelyn gyda rhyw fesur o bendantrwydd.

O'r rhestr a roddir gan Tudur Jones fel atodiad i'w ddarlith (gweler nodyn 4) y mae hefyd weithiau gan Thomas Brooks, Jeremiah Burroughs, William Fenner, Thomas Gouge a Vavasor Powell yng nghatalog llyfrau Williams (LlGC Trefeca 752), ond ni ellir dibynnu ar hwn ac nid wyf eto wedi dod o hyd iddynt.

6   Gweler Kathryn Jenkins, 'Williams Pantycelyn a'r Beibl', *Y Traethodydd* 143 (1988), t. 164. Y mae'r erthygl drwyddi yn haeddu sylw gofalus.

Ymhlith llyfrau Williams y mae un sy'n rhoddi syniad go dda o natur y teipiau, sef William MacEwen, *Grace & Truth; or, The Glory and Fulness of the Redeemer displayed. In an attempt to explain, illustrate, and enforce the most remarkable Types, Figures and Allegories of the Old Testament,* Llundain, 1786. Argraffiad diweddar yw hwn, yr wythfed, ond fe all enghreifftiau o'r cynnwys fod o ddiddordeb: Book I. TYPICAL PERSONS: 1. Christ and Adam Compared. 2. The history of Noah. 3. The history of Melchizedec. Ac yn y blaen hyd Jonah ym mhennod 14. Book II. TYPICAL THINGS: 1. The Vision of Jacob's ladder. 2. The vision of the burning bush. 3. The pillar of cloud and fire. 4. The manna in the wilderness. Ac ymlaen i'r sarff bres, y bwch dihangol, a'r anner goch. Book III. TYPICAL PLACES: 1. The law of the cities of refuge. 2. The tabernacle in the wilderness. Yna teml Solomon, gwlad Canaan a dinas Jerwsalem. Ymddengys fod un arall o brif lawlyfrau teipoleg yn ei feddiant, sef Thomas Taylor, *Christ Revealed: or the Old Testament Explained* (Llundain, 1635).

7   William Sherlock, *A Discourse Concerning the Knowledge of Jesus Christ* (Llundain, 1674), t. 114.

8   Symon Patrick, *A Continuation of the Friendly Debate between a Conformist and a Nonconformist* (Llundain, 1669), t. 2.

Y dyfyniadau o Sherlock a Patrick yn Mason I. Lowance, Jr., *The Language of Canaan: Metaphor and Symbol in New England from the Puritans to the Transcendentalists* (Cambridge, Mass., 1980), t. 14.

Fe gyhoeddwyd llawer iawn yn ddiweddar ar natur a dylanwad teipoleg. Yn ychwanegol at Lowance gweler: *Typology and Early American Literature,* gol. Sacvan Bercovitch ([Amherst], 1972); *Literary Uses of Typology from the Late Middle Ages to the Present,* gol. Earl Miner (Princeton, 1977); Paul J. Korshin, *Typologies in England 1650–1820* (Princeton, 1982); Karen E. Rowe, *Saint and Singer: Edward Taylor's Typology and the Poetics of Meditation* (Caergrawnt, 1986).

9   Gweler Colleen McDannell a Bernhard Lang, *Heaven: a History* (New Haven a Llundain), 1990 (yr argraffiad clawr papur), t. 173 a 378. Gellir ychwanegu bod Baxter yn cael ei wawdio gan rai o'i gyfoeswyr am gynnwys pobl fel Hampden a Pym ar ei restr. Ym Mehefin 1676,

er enghraifft, fe bregethodd Jane, caplan Esgob Llundain, bregeth o gwmpas y testun fod Baxter wedi anfon 'as bad men to heaven as some that be in hell'. Gweler William M. Lamont, *Richard Baxter and the Millennium* (Llundain, 1979), t. 105, 122, 142.

[10] Yn rhyfedd ddigon fe geir wedi eu rhwymo yng nghopi Williams o Nehemiah Rogers, *The Watchful Shephard* (Llundain, 1632), ddwy ddalen (t. 115–16 a 121–22 o lyfr nad wyf wedi ei olrhain) sy'n ymwneud â'r union deip hwn.

[11] J. Paul Hunter, *The Reluctant Pilgrim: Defoe's Emblematic Method and Quest for Form in 'Robinson Crusoe'* (Baltimore, 1966), t. 105.

[12] Mewn nodyn ar yr emyn hwn y mae Llewelyn Jones yn ei argraffiad diplomatig o *Aleluia* (1926) yn sylwi bod 'rhyw grybwylliad neu'i gilydd ar y daith o'r Aifft i Ganan . . . mewn dros 24 y cant o emynau Williams . . . '

[13] Gweler N. H. Keeble, *The Literary Culture of Nonconformity in Later Seventeenth-Century England* (Caer-lŷr, 1987), t. 280 a 326. Cerdd Anne Bradstreet yn *The Puritans: A Sourcebook of their Writings* (gol. Perry Miller a Thomas H. Johnson), argraffiad diwygiedig (Efrog Newydd, 1963), t. 579.

Yr un yw geirfa Samuel Mather, *The Figures or Types of the Old Testament* (Llundain, 1683), t. 200 (y mae'r ail argraffiad ar restr Llyfrau Williams ac i'w weld yn Llyfrgell Trefeca, ond gyda nodyn W. H. Powell 'Mason's Gift', sy'n codi amheuaeth yn fy meddwl, er y gall olygu bod y llyfrwerthwr Samuel Mason, aelod o Dabernacl Whitefield, wedi ei roddi i Williams): 'This World is but a Wilderness, an howling Wilderness, full of *Lyons* and *Leopards,* sins and troubles, Cant. 4. 8. full of fiery Serpents, and Scorpions, and Drought.' Gweler hefyd George H. Williams, 'The idea of the Wilderness of the New World in Cotton Mather's *Magnalia Christi Americana',* t. 49–58 yn Cotton Mather, op. cit. Books I and II (gol. Kenneth B. Murdock) (Cambridge, Mass., 1977).

[14] Yn *Charles Wesley – a Reader,* gol. John R. Tyson (Rhydychen, 1989), t. 285.

[15] Dau lyfr gwahanol gan Gouge sydd ar restr llyfrau Williams ond fe gofir mai ef oedd prif ysgogydd yr Ymddiriedolaeth Gymreig yn 1674. Gweler ar Biwritaniaeth a Phererindod, Charles E. Hambrick-Stowe, *The Practice of Piety: Puritan Devotional Disciplines in Seventeenth-Century New England* (Chapel Hill, 1982), yn enwedig penodau 3 a 7, a J. Paul Hunter, *The Reluctant Pilgrim* (nodyn 11 uchod). Y mae'r bumed bennod drwyddi ('Metaphor, Type, Emblem, and the Pilgrim "Allegory" ') yn hynod werthfawr.

[16] Argraffiadau 1759 a 1774 yn unig a nodir yn *Libri Walliae* (3940 a 3941) ond y mae Gwilym Lleyn hefyd yn rhestru argraffiad yn 1758, heb enwi cyhoeddwr. Fe ddyfynnir yma o argraffiad 1774: Caerfyrddin, Ioan Ross.

[17] Fe geir ymdriniaeth o hyn gan Sacvan Bercovitch, 'Horologicals to Chronometricals: the Rhetoric of the Jeremiad', yn *Literary Monographs* 3 (Madison, 1970), t. 1–124. Gweler hefyd Ursula Brumm, *American Thought and Religious Typology* (New Brunswick, 1970), yn enwedig t. 50–51 sy'n dangos fel yr oedd Cotton Mather yn cyfrif John Cotton fel gwrthdeip Moses a John Norton fel gwrthdeip Joshua.

[18] Fe ddywedir bod dros bum cant o esboniadau ar Ganiad Solomon wedi eu cyhoeddi cyn diwedd yr ail ganrif ar bymtheg. Fe grynhoir llawer o'u dadleuon mewn llyfr gan John Gill, y gŵr a enwir yn y llythyr at Thomas Charles. Yr ail argraffiad oedd ym meddiant Williams: *An Exposition of the Book of Solomon's Song called Canticles* (Llundain, 1751). O blith y llu o astudiaethau a gyhoeddwyd yn yr ugain mlynedd ddiwethaf gellid enwi: Jeffrey A. Hammond, 'The Bride in Redemptive Time: John Cotton and the Canticles Controversy', *New England Quarterly* 56 (1983), 78–102: Mason I. Lowance, Jr., *The Language of Canaan* (nodyn 8), Barbara Kiefer Lewalski, *Protestant Poetics and the Seventeenth-Century Religious Lyric* (Princeton, 1979); Karen E. Rowe, 'Sacred or Profane?: Edward Taylor's Meditations on Canticles', *Modern Philology* 72 (1974), 123–38; George L. Scheper, 'Reformation Attitudes toward Allegory and the Song of Songs', *PMLA* 89 (1974), 551–62; pob un â'i llyfryddiaeth helaeth.

[19] Richard Sibbes, *Bowels Opened: or, a Discovery of the Neare and Deare Love, Union and Communion betwixt Christ, and the Church, and consequently betwixt Him and every beleeving Soule* (Llundain, 1641), t. 130 (dyfynnir yn Lewalski, t. 100). Y mae llofnod Williams yn un o lyfrau eraill Sibbes, *The Saints Cordialls*, 1637.

[20] John Preston, *The New Covenant; or the Saints Portion* (Llundain, 1630). Yr oedd copi yn llyfrgell Pantycelyn.

Yr ymdriniaeth arloesol ar y ddiwinyddiaeth gyfamodol, neu ffederal, yw un Perry Miller, 'The Marrow of Puritan Divinity', a gyhoeddwyd gyntaf yn *The Publications of the Colonial Society of Massachusetts* ond sydd i'w gael yn gyfleus, a chyda rhagair, yn ei *Errand into the Wilderness* (Cambridge, Mass., 1956), t. 48–98. Gweler hefyd grynodeb Derec Llwyd Morgan yn *Y Diwygiad Mawr* (Llandysul, 1981), Pennod 5 (yn werthfawr iawn hefyd ar Dröedigaeth). Teg dweud bod nifer o feirniaid diweddar yn gwrthwynebu dadansoddiad Miller, yn enwedig ei bwyslais ar yr elfen ffurfiol gytundebol. Fe drafodir hyn yn

Charles Lloyd Cohen, *God's Caress: the Psychology of Puritan Religious Experience* (Rhydychen, 1986), t. 283, gan restru'r erthyglau perthnasol. Am lyfryddiaeth gynharach gweler Bercovitch, 'Horologicals', nodyn 17 uchod.

21 *New Covenant*, t. 390. Dyfynnir gan Perry Miller, *Errand*, t. 71.

22 R. Tudur Jones, 'The Healing Herb and the Rose of Love: the Piety of Two Welsh Puritans', yn *Reformation, Conformity and Dissent: Essays in Honour of Geoffrey Nuttall*, gol. R. Buick Knox (Llundain, 1977), t. 154–79.

23 Y mae Gwili yn awgrymu bod Williams 'yn bur anwybodus am ddiwinyddiaeth, ar ddechrau ei yrfa gyhoeddus' ac, er iddo gymryd ochr Rowland yn yr ymraniad, ei fod yn bur agos at Harris a'r Morafiaid yn ei bwyslais ar Grist a'i ddioddefiadau. 'Fel y Morafiaid, nid oedd gan Williams ddiddordeb anghyffredin yn Nuw fel Tad. Crist, mewn gwirionedd, yw ei Dduw': John Gwili Jenkins, *Hanfod Duw a Pherson Crist* (Lerpwl, 1931), t. 166–7. Ond y mae hyn yn tueddu i anwybyddu'r elfen Grist-ganolog sy'n nodwedd unigryw o deipoleg. Holl bwynt yr athrawiaeth honno yw dangos Crist fel cyflawniad y teipiau. Gweler G. W. H. Lampe, 'Hermeneutics and Typology', *London Quarterly and Holborn Review*, 6ed gyfres, 34 (1965), 17–25.

Safle canolog Crist oedd prif nodwedd crefydd y Piwritaniaid i John Wesley: 'More particularly, they do indeed exalt Christ. They set him forth in all his offices. They speak of him, as those that have seen his glory, full of grace and truth. They sum up all things in Christ, deduce all things from him, and refer all things to him.' *Christian Library* (1751), IV, 105. Dyfynnir gan John A. Newton, *Methodism and the Puritans*, Cyfeillion Llyfrgell Dr Williams, 18fed Ddarlith, 1964.

24 *New Covenant*, t. 248. Dyfynnir gan James D. Boulger, *The Calvinist Temper in English Poetry* (Yr Haag, 1980), t. 94–5, llyfr mwy defnyddiol am ei enghreifftiau nag am ei ddadleuon.

25 Dyfynnwyd o argraffiad Thomas Durston [1740], t. 113 a 140. Ni allaf ddangos bod Williams yn berchen ar y llyfr ond fe fyddai'n syndod mawr os nad oedd yn ei feddiant yn Saesneg neu yn Gymraeg. Roedd copi o'r trosiad Cymraeg (1713) yn Llyfrgell Trefeca.

26 Ceir y drafodaeth lawnaf ar hunanymholiad yn Owen C. Watkins, *The Puritan Experience* (Llundain, 1972). Gweler hefyd Patricia Caldwell, *The Puritan Conversion Narrative: the Beginnings of American Expression* (Caergrawnt, 1983).

Cyhoeddwyd gyntaf yn Derec Llwyd Morgan (gol.), *Meddwl a Dychymyg Williams Pantycelyn* (Llandysul, 1991), t. 31–54.

Llyfrgell Pantycelyn

Nodiadau yw'r rhain, tamaid i aros pryd; ond bydd gofyn gwell cogydd ar gyfer y fwydlen lawn.*

Y MAE UN peth yn sicr: roedd ym Mhantycelyn lyfrgell ryfeddol o eang o'i chymharu â ffermdai neu ficerdai cyffredin cefn gwlad Cymru yn y ddeunawfed ganrif. Fe geir tystiolaeth uniongyrchol yn y llythyr olaf at Thomas Charles ym mis Ionawr 1791: 'er fod genni gannoedd o lyfrau nid oes blas ar un fel y bibl'. Er, neu oherwydd, fod Williams â'i olwg ar y geiniog, mae'n amlwg fod y teulu'n weddol dda ei fyd. Y mae Maurice Davies, bywgraffydd y mab John, yn dweud bod hwnnw 'mewn amgylchiadau pur gysurus o ran pethau y byd hwn; ac wedi marwolaeth ei frawd, gellir dywedyd ei fod yn oludog'.[1] Felly roedd arian ar gael i brynu llyfrau, er nad oedd cystal cyfle i wneud hynny gan Williams â chan Harris â'i ymweliadau cyson â Llundain. Gwyddom amdano'n archebu un llyfr meddygol drwy'r argraffydd John Ross yng Nghaerfyrddin a dyna, ond odid, un o'r ffynonellau arferol.[2]

Gellir dyfalu beth oedd rhai o'r llyfrau yn y casgliad drwy dystiolaeth fewnol y rhyddiaith, yr epigau a'r llythyrau, a chawn sôn amdanynt wrth fynd ymlaen. Ond beth am dynged y llyfrgell ei hun? Yn ôl ei arfer y mae Gomer Roberts wedi olrhain yr hanes mor fanwl ag yr oedd yn bosibl ar ddiwedd yr 1940au, ond golwg a gafodd ar yr hyn a oedd yn weddill o Lyfrgell Trefeca yn y Llyfrgell Genedlaethol. Edrydd yr hanes yng nghyfrol gyntaf *Y Pêr Ganiedydd*.[3] Nid oes sôn am lyfrau yn benodol yn ewyllys Pantycelyn ei hun ond eu bod, mae'n amlwg, yn rhan o 'the rest residue and remainder of my personal goods and estate and effects' a adewir i'w wraig a'i fab John. Y mae ewyllys John yn manylu: 'My Welsh books to my sister Elizabeth, the rest of my Library to the Rev. W. Powell, clerk, son of my cousin Ruhama Davies of Cwmifor.' Cystal dyfynnu Gomer Roberts ar hynt y llyfrau wedi hyn: 'Bu'r llyfrau hyn [y rhai heb fod yn Gymraeg] am hir amser yng nghartref Powell ym Mhantycelyn, Llanpumsaint. Bu farw'n ddi-blant yn 1879 . . . Yn 1887, fe brynwyd y llyfrau gan y diweddar Daniel Davies, Ton. Chwalwyd cryn lawer ar y llyfrgell cyn ei gwerthu, a phrotestiodd Mr. Davies yn erbyn hynny yn yr arwerthiant.' Yn ôl tystiolaeth mewn llythyr gan ryw Giles Jones at W. Llewelyn Williams yn 1917, 'Mr. Davies took me with him to a farm in Carmarthenshire where the library was, with layer upon layer of dust upon it. I did the dusting and Mr. Davies went very carefully through all the books and sent all he thought of use to Trevecka College, Talgarth.' Yn Nhrefeca fe ddioddefodd llawer ohonynt oddi wrth leithder ac fe gollwyd nifer, gan i fyfyrwyr ac eraill eu cymryd fel *souvenirs*. Yna yn 1920 fe drosglwyddodd Sasiwn y De y rhan helaethaf o lyfrgell y Coleg ar adnau i'r Llyfrgell Genedlaethol. Y mae Gomer Roberts yn ychwanegu nifer o hanesion eithaf torcalonnus am hynt llawysgrifau a gweddillion y llyfrgell, ond nid oes sôn ynddynt am lyfrau unigol.

Fe ellir ychwanegu rhyw gymaint o wybodaeth at yr hyn a ddywedir yn *Y Pêr Ganiedydd*. Rywbryd cyn i'r llyfrau adael Trefeca (efallai ar gyfer yr achlysur) fe gynhyrchwyd catalogau mewn llawysgrif o wahanol adrannau'r llyfrgell. Un o'r rhain yw'r *Catalogue of the Library of Williams Pantycelyn (with later additions)*.[4] O'r 406 eitem a gofnodir, fe gyhoeddwyd o leiaf 73 ar ôl marw Williams; hyd yma fe welais yn y Llyfrgell Genedlaethol 104 o'r 333 y gellid hawlio eu bod yn eiddo Pantycelyn ei hun. Ond y mae graddau amrywiol o sicrwydd ynglŷn â'u perchenogaeth. Y mae Williams wedi torri ei enw ar rai ac ychydig flynyddoedd yn ôl fe baratowyd rhestr

ohonynt yn y Llyfrgell Genedlaethol. Ugain llyfr sydd ar y
rhestr ac y mae dyddiad y llofnodau yn rhedeg o 1734 i 1783.
Fe ellir dosbarthu'r llyfrau yn fras fel a ganlyn, gyda blwyddyn
y llofnod pan fo hwnnw wedi ei nodi: (a) Y CLASURON,
Cato (1734) ac Ovid (1733), llyfrau ysgol, a Williams yn un
neu ddwy ar bymtheg oed; (b) Y DYNEIDDWYR, Erasmus
(1736/7); (c) IAITH A LLENYDDIAETH SAESNEG,
geiriadur Nathan Bailey (1741), Joshua Poole, *The English
Parnassus* (yr 1730au, mae'n debyg, gan fod enghreifftiau eraill
o'r cofnod 'e libris Gulielmi Williams' o'r cyfnod hwnnw),
Cowley, *Poetical Blossoms* (tua 1735) a *The Loves of Hero and
Leander* (1735), Isaac Watts, *Horae Lyricae: Poems*, yr wythfed
arg. 1743 (1765); (ch) HANES, Du Vignau (1688) ar gyflwr
Twrci (1734/5); (d) HANES EGLWYSIG, John Foxe, *Acts
and Monuments of Matters . . . happening in the Church,* tair
cyfrol (1743, a 1760 a 1764 'bougt at Carmarthen'), Hamon
L'Estrange ar y litwrgi wedi'r Diwygiad Protestannaidd; (dd)
PREGETHAU, gan y Presbyteriaid y brodyr Erskine (1752,
cyf. 1; enw John Popkin 1755 wedi ei groesi allan ar ddalen
deitl cyfrol 3) a Thomas Manton (1741) a'r Piwritan Richard
Sibbes (1783); (e) ESBONIADAU, Matthew Henry ar Bum
Llyfr Moses (1766) ac ar y Testament Newydd; (f) LLYFRAU
CREFYDDOL ERAILL, John Cennick ar yr Ysbryd Glân,
John Martin ac eraill, *The Preacher Sent; or, A Vindication of the
Liberty of Publick Preaching, by some Men not Ordained* (llofnod
Howell Harris 1741 wedi ei groesi allan a llofnod Williams
wedi ei ychwanegu), John Wilkins, Esgob Caer ar weddi, a
Zinzendorf, *Nine Publick Discourses* (June 5, 1757, ond yna
'Evan Moses his book 1758'). Yn ôl M. H. Jones,[5] fe ddylid
ychwanegu at y rhestr saith rhifyn o ddyddiadur Whitefield,
76 wythnos o *The Weekly History* a rhifau 13 a 14 o *The
Christian's Amusement,* a dau lyfr gan Joseph Trapp, esboniad
ar Epistolau Paul ac ar Lyfr Datguddiad a'i *The Marrow of*

Many Good Authors. Yna y mae Gomer Roberts yn nodi bod tri phennill o'r emyn 'Wrth droi fy ngolwg' i'w cael yn llawysgrif Williams yn Joseph Hall, *The Balm of Gilead* (1652).[6]

Ceisiaf nodi yn awr y cyfrolau eraill a welais ymhlith llyfrau Trefeca sy'n dwyn llofnod Williams. Y mae ychydig bach o gymhlethdod weithiau gan fod rhyw William Williams arall wedi llofnodi ambell un o'r llyfrau a ddaeth o etifeddiaeth W. H. Powell ac, fel y gellid disgwyl dros gyfnod o flynyddoedd, roedd ffordd Pantycelyn o ysgrifennu ei enw hefyd yn amrywio; ar un cyfnod roedd yn bur hoff o ryw hanner printio'r William gyda strôc letraws chwith y briflythyren W yn anarferol o dew a'r M olaf hefyd ar ffurf priflythyren. Sut bynnag, fe ellir teimlo gradd o sicrwydd ynglŷn â'r canlynol:

1. Beibl Lladin 12mo yn dechrau gyda'r dangoseg H4, *The Psalmes of David in Meeter* a manion eraill yn dilyn; cefn gwag y ddalen olaf yn dwyn nifer o lofnodau, gan gynnwys 'William Williams aut Gulielmi Williams' ac ar y clawr cefn William Williams deirgwaith a

William Williams [his] hand

God bless us all to-[ ]

2. *The Daily Words and Doctrinal Texts of the Brethren's Congregation for the Year 1788*. Y mae'r cyfrolau am nifer o flynyddoedd eraill hefyd ar gael ond heb lofnod.

3. Tri llyfr gan William Salmon: *A New Geographical and Historical Grammar*, chweched arg., 1758; *The Modern Gazeteer*, pumed arg., 1758 (WW his book 1766); *Praxis Medica: The Practice of Physick*, ail arg. 1707.

4. Un ar bymtheg o bamffledi wedi eu rhwymo'n un gyfrol, pedwar ohonynt gyda llofnod Williams, sef:

(a) *The Anabaptists Silenc'd; or, A Relation of a Publick Dispute between John Tombs and John Cragge & Henry Vaughan . . . touching Infant Baptism . . . in Abergavenny* [1653], ail arg. 1741.

Cefn y ddalen olaf: William Wms

   Sent with Morgan Jones to

  Mr. Whitefield

        for Hymn Books 3 . . . 3-0

        Sermons 6 1-6

        Letters 3 1-0

          in all   5-6[7]

(b) William Cudworth, *Free Thoughts upon the Doctrines of Election, Fall of Man, and Restoration by Christ,* ail arg. 1747. Y mae llofnod un John Jones a'r dyddiad 1748 hefyd ar y pamffled.

(c) *A Plain and Modest Plea for Christianity; or, a Sober and Rational Appeal to Infidels,* 1743.

(d) Pregeth ar Salm cv. 45; mae'r ddalen deitl ar goll ond fe gyhoeddodd Whitefield bregeth ar y testun yn 1746, *Britain's mercies and Britain's duty,* sef gorthrechu'r gwrthryfel Jacobaidd (t. 10: Mr. William Williams his book 1748).

Ymhlith y pamffledi heb lofnod Williams y mae tri gan Whitefield (un yn cynnwys ei ateb i ymosodiad Esgob Llundain ar y Methodistiaid y cyfeirir ato yn Llythyr Pantycelyn at Howell Harris ar 7 Rhagfyr 1745[8]), pregeth gan John Wesley, llythyr ar y daeargrynfâu gan Thomas Sherlock, Esgob Llundain (1750) a phregeth ar yr un testun gan William Romaine (1755) – ynghyd â phregeth arall ganddo ar yr Ysbryd Glân (1755).

Y mae hefyd gerdd gan Edward Godwin, un o bregethwyr ifanc Whitefield, y byddaf mewn man arall yn ceisio dweud rhywbeth amdani yng nghyswllt *Theomemphus.*

Dyna dystiolaeth uniongyrchol y llofnod yn dod i ben,[9] ac o hyn ymlaen fe fydd gofyn dyfalu. Annoeth fyddai dibynnu ar y catalog gan ei fod yn cynnwys eitemau fel cyfieithiad Pope o'r *Iliad* a'r *Odyssey* gyda'r llofnod 'John Williams 1776'[10] neu *Owen's New Book of Roads* (1784) sy'n dwyn nodyn 'from the library of John Williams to Lady Huntingdon's college

17[88?]'. Roedd John Williams yn dipyn o ysgolhaig: 'fe allai nad oedd gwell Hebrewr yn y dywysogaeth,' meddai Maurice Davies. Fe â ymlaen:

Hefyd yr oedd yn Gymro rhagorol ac anhawdd cwrdd ag un a allasai roddi tarddiad geiriau Cymraeg, yn nghyd ag ystyr enwau lleoedd yn well nag ef. Yr oedd ganddo luosawgrwydd mawr o lyfrau, mewn amrai ieithoedd, y rhai a adawodd yn ei ewyllys i nai iddo, sef y Parch. William Powell, Curad Llanllawddog a Llanpumpsaint, gŵr grymus yn yr efengyl, ag sydd yn debyg o wneud defnydd da o honynt.[11]

Rhesymol yn wyneb tystiolaeth o'r fath, ac yn wir yn unol â synnwyr cyffredin, yw tybio y byddai gan John Williams gasgliad o'i lyfrau ei hun pan ymddeolodd o fod yn Brifathro Trefeca ym mis Ebrill 1791 i ddychwelyd i Bantycelyn ar ôl marw ei dad. Efallai nad ychwanegodd William Henry Powell yn sylweddol iawn at y llyfrau a ddaeth iddo yn waddol o Bantycelyn yn 1828. Er gwaethaf teyrnged Maurice Davies ni wnaeth Powell fawr o farc ac nid oes arwyddion ei fod yn ysgolhaig arbennig. Fe gafodd flwyddyn fel curad yng Nghapel-y-ffin o 1821 i 1822 ac yna fe dreuliodd weddill ei oes yn Llanpumsaint yn gurad a churad parhaol neu ficer hyd at 1877. Bu farw 26 Medi, 1879 yn 84 oed. £150 y flwyddyn oedd y fywoliaeth ond, yn ôl *Owners of Land* (1875), fe dderbyniai hefyd renti o tua £100 ac roedd felly'n bur bell o fod ar y clwt. Ond go brin ei fod yn brynwr llyfrau eiddgar. Nid wyf wedi nodi'r dyddiad ym mhob un o'r 37 llyfr yn y catalog sy'n dwyn ei lofnod, ond y mae'r cyntaf ar y rhestr yn eithaf cynrychioliadol, sef 'Dec. 17, 1828', esboniad Thomas Adams ar II Pedr (bu John Williams farw 5 Mehefin 1828).

Awgrym, felly, yn hytrach na phrawf, o berchenogaeth wreiddiol yr emynydd yw'r tarddiad o lyfrgell John Williams neu W. H. Powell, ac y mae, wrth reswm, nifer o gyfrolau yn absennol o'r llyfrgelloedd hyn ac o'r catalog y gellir mentro yn bur sicr eu bod ym meddiant Pantycelyn rywbryd: Bunyan, William Derham, William Whiston, er enghraifft. Beth wedyn am y llyfrau Cymraeg? Fe wasgarwyd y rheini, ond odid, fesul un ac un, ac nid oes neb, am a wn i, wedi ymgymryd â'r dasg o geisio eu holrhain. Efallai nad oedd cymaint â hynny ohonynt; y mae nifer o enghreifftiau yn y catalog o lyfrau Saesneg a oedd hefyd i'w cael mewn trosiad Cymraeg ond fe ymddengys mai'r gwreiddiol a ddewisai Williams. Ond yn sicr roedd Beibl Cymraeg ganddo, a'r Ficer Prichard, Morgan Llwyd ac Ellis Wynne, ac fe ddiflannodd y rheini i gyd.

Efallai mai buddiol fyddai cymryd y rhaniadau a ddefnyddiwyd i restru'r llyfrau llofnodedig, gydag un neu ddau o ychwanegiadau, er mwyn gweld natur y dystiolaeth a cheisio dirnad beth oedd gwerth ambell gyfrol i Bantycelyn. O hyn ymlaen fe ychwanegir JW a WHP at y llyfrau sy'n dwyn llofnod John Williams neu W. H. Powell, a TREF at y rhai heb lofnod a welwyd yn y casgliad yn y Llyfrgell Genedlaethol.

(a) Y CLASURON AC IEITHOEDD ESTRON. Y mae yn y catalog eiriadur Lladin, pedwar gramadeg Lladin, dau Roeg, un Hebraeg, ac un Ffrangeg, nifer o lyfrau ysgol Lladin a Groeg (ymarferiadau, ymadroddion, casgliad ansoddeiriau Textor), Beibl, Sallwyr a dau gopi o'r Testament Newydd mewn Lladin a dau mewn Groeg. Y mae hanes hynafiaethau Rhufain gan Thomas Godwyn (1680) a hynafiaethau Atig gan Francis Rous (1675) wedi eu rhwymo gyda *Moses & Aaron* (1672) Godwyn (TREF). Ychwaneger rhyw dri neu bedwar o lyfrau eraill ar hanes a hynafiaethau Rhufain.

Cicero yn y gwreiddiol a throsiadau o Xenophon, Aesop, Plutarch, Fyrsil, Juvenal (trosiad Dryden) ac Ovid (ychwanegol at yr un â llofnod Williams ynddo) sy'n cynrychioli llenyddiaeth. Gwelsom mai eiddo John Williams oedd cyfieithiadau Pope o Homer.

(b) Y TADAU, Y DYNEIDDWYR A'R DIWYGWYR. Awstin, Bernard (ar Lyfr Datguddiad), Chrysostom (Groeg, wyth cyfrol); llythyrau ac aralleiriadau Erasmus yn Saesneg (1642); Calfin yn Lladin (Bannau'r Grefydd Gristnogol, 1618 a chasgliad 1563 o'r Gweithiau Diwinyddol, 1563) a Saesneg (ar Gytgord yr Efengylau, 1582), a llythyrau Melanchthon yn Saesneg.

(c) IAITH A LLENYDDIAETH SAESNEG. Yn sicr fe aeth llawer o'r dosbarth hwn ar goll. Y mae Shakespeare ar y rhestr (1776) a Milton, *Paradise Lost* (1777 a 1784). Y mae'r argraffiad o weithiau Cowley (cyf. 1, 1710, TREF) yn cynnwys y *Davideis*, yr epig mewn cwpledi arwrol ar hanes y brenin Dafydd sy'n rhagflaenu *Coll Gwynfa* ac yn doethinebu ar natur y gerdd gysegredig. Nodwn wrth fynd heibio mai tair llinell gan Fyrsil sy'n addurno'r ddalen deitl, felly hefyd *Golwg ar Deyrnas Crist*. Fe restrir cyfrolau o'r *Tatler* (1710), *Guardian* (1762), y *Gentleman's Magazine* (1751–7?) a'r *Monthly Review* (13 cyfrol o 1778 ymlaen, felly hyd at ei farw) a blodeugerdd *English Verses*. Yn ychwanegol at ddylanwad digamsyniol emynwyr fel Watts, Cennick a Ralph Erskine arno (ac y mae *Hymns and Spiritual Songs* Isaac Watts 1768 a *Gospel Sonnets* Ralph Erskine 1734 yn y casgliad a'r *Olney Hymns* 1788 yn y catalog), fe fu beirniaid o bryd i'w gilydd yn ceisio profi dyled i lenorion yn yr iaith Saesneg: Milton a Bunyan, wrth reswm, ond hefyd George Herbert, John Dennis (yn ôl Saunders Lewis) ac Edward Young.[12] Nid taflu amheuaeth ar y rhain yw dweud na ellir eu cadarnhau oddi wrth gatalog. Un teitl arall diddorol yw *Britain's Remembrancer,* dwy gyfrol gan yr emynydd cynnar George Wither; ni ddigwyddais ddod ar eu traws, ond y mae Gomer Roberts yn dyst eu bod ymhlith llyfrau Pantycelyn yn y Llyfrgell Genedlaethol.[13]

(ch) HANES. Fe ddangosodd Alwyn Prosser yn argyhoeddiadol iawn fod Williams wedi benthyca deunydd ar gyfer *Pantheologia*, gan gyfeirio'n benodol at Thomas Salmon, *Modern History* (1739) a H. Reland, *Four Treatises concerning* . . . *the Mahometans* (1712),[14] ac y mae'r olaf o'r rhain yn y casgliad (WHP). Y mae'r catalog yn rhestru hefyd Bussières, *Universal History* (1678), Gorion, *Late History of the Jews* (1706), nifer o gyfrolau ar hanes Prydain (gan gynnwys Guthrie, 1744–51 a J. Ralph [?] 1744–6), Gordon, *Geographical Grammar* (1741), Camden, *Britannia* (TREF, heb ddyddiad) a Lhuyd, *Archaeologia Britannica* (1707; tybed ai John Williams, gyda'i ddiddordeb mewn tarddiad geiriau ac enwau lleoedd, oedd y gwir berchennog?).

(d) HANES EGLWYSIG. Dau lyfr ar yr Eglwys Fore (Eusebius yn un ohonynt?); Yr Archesgob Ussher, *A Discourse of the Religion Anciently professed by the Irish and Brittish*, pedwerydd arg., 1787 (wedi ei gydrwymo â'i *An Answer to a Challenge made by a Jesuit*, pedwerydd arg., 1686: JW a WHP); cyfrolau ar yr Eglwysi Lutheraidd (1714), ar ddiwygiad yn yr Alban yn 1741 (James Robe, *The Work of God in Kilsyth*), ac ar Galfiniaeth gan un o brif wrthwynebwyr Wesley, Augustus Toplady, *Historic Proof of the Doctrinal Calvinism of the Church of England* (dwy gyfrol, 1774: WHP).

(dd) PREGETHAU. Erbyn hyn y mae hi'n bryd i ni ddwyn i gof y dystiolaeth yn y llythyr olaf at Thomas Charles: 'fe fu llyfrau Dr. Goodwin, Dr. Owen, Dr. Gill, Marshall, Hervey, Usher ac eraill yn help i flaenlymu fy neall yn y gwirioneddau mawrion'. Piwritaniaid oedd y pedwar cyntaf o'r rhain ac fe fyddwn yn dod ar eu traws yn yr adran hon a'r ddwy ganlynol. Y mae dwy gyfrol ffolio (III, 1692 a V, 1704) o weithiau Thomas Goodwin ar gael (WHP) yn cynnwys ei bregethau, ac fe geir pregethau a llythyrau agored mewn casgliad o 'athrawiaethau' gan John Gill sydd wedi eu rhwymo'n un gyfrol (JW a WHP). Y mae un ohonynt, *Two Discourses; the One on Prayer, the Other on Singing of Psalms, from 1 Cor. xiv.*

15 (ail arg., 1751) yn haeddu sylw am mai'r 'bregeth' hon fu un o ymdrechion helaethaf y cyfnod i gyfiawnhau canu cynulleidfaol. Fe rydd resymau i brofi bod canu yn ordinhad o Dduw ac nad yw wedi ei gyfyngu i oruchwyliaeth yr Hen Destament (t. 33 ymlaen); y mae canu soniarus yn 'part of natural religion, and moral worship, perpetually binding on all mankind; and so to be performed by believers in a spiritual and evangelic manner, under the gospel-dispensation' (t. 37) ac fe rydd ddadleuon di-rif o'r Tadau ymlaen. Roedd Pantycelyn, yn ei ragymadrodd i ail ran *Aleluia* (1745), eisoes wedi sôn am 'hymnau wedi eu cyfansoddi oreu ag allwyd at swn a iaith yr 'Scrythyrau' ac fe gawn eiriau tebyg ddigon gan Gill: 'That they be expressed, as much as can be, in scripture-language' (t. 45). Y mae'n cymeradwyo canu cyhoeddus: 'Since we have prophecy, precept, and precedent, for the practice of singing in New Testament-churches, none should scruple the performance of it' (t. 57), ac yn rhoddi atebion cadarnhaol i ddau gwestiwn llosg – a ddylai merched ganu yn yr eglwysi, ac a ddylid canu ym mhresenoldeb anghredinwyr: 'Must your mouths be stopped, because theirs are open?' (t. 58 a 60).

Y mae rhyw ddeunaw casgliad o bregethau yn y catalog, nifer ohonynt gan Biwritaniaid neu Ymneilltuwyr: Bridge, Charnock (dwy gyf., 1684: TREF), Downame, Henry Smith, Clarkson (1696: WHP), *Farewell Sermons preached by Mr. Calamy etc.* (1653: JW). Ond y mae eraill yn amrywio'n fawr; nodwn yn unig y rhai a welwyd: Edward Boys (1672: TREF), Samuel Davies, Llywydd Princeton (1774: WHP); Joseph Mede (1642: WHP); John Stoughton (1640: TREF); Humphrey Sydenham, brenhinwr (1637: TREF); Daniel Waterland (1720: JW a WHP).

(e) ESBONIADAU. Fe geir cynrychiolaeth dda o Biwritaniaid ac Ymneilltuwyr eto: Thomas Adams ar II Pedr (dwy gyfrol ffolio, 1633: WHP); Nicholas Byfield ar I Pedr

2 (1623: TREF); Joseph Caryl ar Job (tair cyfrol ffolio, 1664: JW, ac o bosibl lofnod Pantycelyn ei hun, ni allaf deimlo'n sicr; 1666; 1676: WHP); John Gill, chwe chyfrol ar yr Hen Destament a dwy ar y Newydd ac ail argraffiad *An Exposition of the Book of Solomon's Song called Canticles* (1751: WHP) – llyfr gwerthfawr ar gyfer esbonio rhai o emynau Pantycelyn;[15] William Greenhill ar Eseciel (1649: TREF); John Guyse ar y Testament Newydd o'r Actau i Lyfr Datguddiad (tair cyfrol, 1761: WHP); William Jenkyn ar ail ran Judas (1654: JW); Thomas Manton ar Epistol Iago (1657: JW).

Prin o'u cymharu yw esboniadau eraill; gwelais George Hutcheson ar y Mân Broffwydi (ffolio, 1657: WHP) ac Edward Reynolds – esgob o dueddiadau Piwritanaidd – ar Hosea 14 (1649: WHP).

(f) LLYFRAU CREFYDDOL ERAILL. Y mae rhyw hanner cant y gellid eu cyfrif o dan y pennawd; unwaith eto y mae'r Piwritaniaid, yr hen Ymneilltuwyr a'r diwygwyr newydd yn y mwyafrif. Fe gyfyngaf y rhestr i'r rhai a welais: Joseph Alleine, *An Admonition to Unconverted Sinners* (1771: JW a WHP); Richard Baxter, *The Practical Works* (1707, pedair cyfrol ffolio: WHP); Richard Capel, *Tentations* (1636/7: TREF); John Downame, *A Treatise of Securitie* (ffolio, 1622: TREF); Jonathan Edwards, *A Treatise concerning Religious Affections* (1772: TREF) a *Sermons on Various Important Subjects* (1785: WHP); William Law, *Christian Perfection* (trydydd arg., 1734; gwelwyd gan D. Morgan Lewis); Samuel Mather, *The Figures or Types of the Old Testament* (ail arg., 1705: JW a WHP), llyfr y gellid credu'n hawdd fod Pantycelyn wedi ei astudio, ond y mae peth amheuaeth ynglŷn â pherchenogaeth y copi hwn;[16] John Owen, *The Doctrine of Justification by Faith* (1677: WHP); William Pemble, *Works* (trydydd arg., ffolio, 1635: WHP); John Preston, *The New Covenant* (pedwerydd arg. 1630) wedi ei gydrwymo â'i *The Saints Daily Exercise* (trydydd arg. 1629

[?]: TREF) – awdur arloesol y ddiwinyddiaeth gyfamodol a'r ymgais i liniaru peth ar lymder Uchel-Galfiniaeth; Nehemiah Rogers, *The Watchful Shephard* wedi ei gydrwymo â'i *The Indulgent Father* (y ddau 1632: WHP); William Twisse, *The Riches of God's Love unto the Vessels of Mercy* (ffolio, 1603: TREF). Yn y catalog, ond heb ddod i'r golwg hyd yma, y mae llyfr tra phwysig John Cotton, *The Covenant of Grace*, argraffiad 1671, fel tyst ychwanegol i ddylanwad Lloegr Newydd ar Bantycelyn a'i gyfoeswyr.

Y mae llyfrau eraill o ddiddordeb: Gilbert Burnet, Esgob Salisbury, *A Discourse of the Pastoral Care* (1692: JW a WHP); gweithiau'r ysgolhaig Hebraeg John Lightfoot (dwy gyfrol ffolio, 1684: WHP); William MacEwen, *Grace and Truth; or, the Glory and Fulness of the Redeemer displayed. In an attempt to explain, illustrate and enforce the most remarkable TYPES, FIGURES and ALLEGORIES of the OLD TESTAMENT* (wythfed arg., 1786: WHP), chwarel hafal i lyfr Samuel Mather; Humphrey Prideaux, *The Old and New Testament connected in the History of the Jews* (chweched arg., 1719, cyf. I o ddwy: TREF); Elisabeth Rowe, *Devout Exercises of the Heart*, gol. Isaac Watts (pumed arg., 1747: TREF); William Sherlock, gelyn Piwritaniaeth, *A Practical Discourse concerning Death* (pedwerydd arg. ar hugain, 1741: WHP); a llyfr rhyfedd, *The Female Pilgrim, or, the Travels of Hephzibah, under the Similitude of a Dream* (1762: WHP). Er mwyn cwblhau'r rhestr yn y llythyr at Thomas Charles fe ddylid nodi bod y catalog yn cynnwys dau o weithiau'r blodeuog a phoblogaidd James Hervey, a'r *Gospel Mystery of Sanctification* (argraffiad 1692) gan y Presbyteriad Walter Marshall. Gweithiau eraill y gellid eu crybwyll o'r catalog yw *Concordance* Cruden (1769); dau lyfr gan y Piwritan a ffrind i Gymru, Thomas Gouge; Gurnall mewn pedair cyfrol; Hooker, *Ecclesiastical Polity*; Vavasor Powell, *Christ and Moses Excellency* (1650); llyfr pwysig arall ar y teipiau, *Christ Revealed: or The Old Testament Explained* gan Thomas Taylor (1635); Jeremy Taylor, *Ductor Dubitantium* (argraffiad 1676) – a ydym i glywed adlais o'r teitl yn *Ductor Nuptiarum: neu, Gyfarwyddwr Priodas*?

(ff) LLYFRAU YMARFEROL. Y gyfrol enseiclopedaidd sy'n cynrychioli diddordebau eang Williams yw *The New Complete Dictionary of Arts and Sciences* (ffolio, 1778: WHP) gan Erasmus Middleton (diwinyddiaeth, athroniaeth a llenyddiaeth), William Turnbull (meddygaeth, cemeg), Thomas Ellis (garddwriaeth a botaneg) a John Davison (mathemateg). Fe restrir hefyd White, *Treasury of Arts*, o bosibl John White, *Art's Treasury of Rarities: and Curious Inventions* (1688 a 1761); ond yr unig lyfrau sy'n cynrychioli ei ddiddordebau gwyddonol yw *Astronomy* John Keill (argraffiad 1760) a *Nature Displayed* (1739). Nid yw'n syndod gweld *The Art of Husbandry* (1653) a *The Horse* yn y catalog, ac fe wyddom ddigon am anhwylderau Williams i ddisgwyl nifer o lyfrau meddygol: Ball (dwy gyfrol, 1760), Quincy, *Parmacopaeia* (1726), Edward Strother, *Criticon Febrium: or, a Critical Essay on Fevers* (1716: WHP), a'r mwyaf swynol ohonynt i gyd: W. Smith, *A Dissertation upon the Nerves* (1768: TREF) ac ar y ddalen deitl 'Wm. Reads Book', sef yr apothecari o Bont-y-moel y canodd Pantycelyn farwnad iddo yn 1769 – tybed ai rhodd gan ei weddw oedd hwn? Roedd *Midwifery* Burton (1751) mewn pryd i roddi arweiniad mewn chwe genedigaeth ac roedd Williams yn ŵr digon gofalus i fod ag eisiau *Law Dictionary* Jacob (1736).

Y mae Alwyn Prosser yn cynnig modelau Saesneg i'r *Cyfarwyddwr Priodas* ac yn gallu dangos fel yr oedd Williams yn benthyca, dyweder, o Robert Snawsel.[17] Y mae un llyfr o faes cyffelyb sydd yn goglais y dychymyg; fe'i rhestrir yn y catalog dan yr awdur L'Estrange ond camgymeriad yw hyn gan fod yr enw wedi ei gopïo o'r llinell flaenorol. Y manylion cywir yw:

The Woman as Good as the Man, or, the Equality of Both Sexes, trosiad yn 1677 gan A. L. o lyfr François Poulain de la Barre (1647–1723) – y gyfrol ffeministaidd gyntaf yn Ffrangeg.

Wedi sylweddoli cymaint y gwasgaru a chydnabod yr ansicrwydd ynglŷn â nifer o'r teitlau (ac fe adawyd o'r neilltu ystyriaeth tua chant o eitemau yn y catalog) fe'n harweinir i edmygu diwydrwydd Pantycelyn yn ei ymchwil am wybodaeth, ond synhwyrwn ar yr un pryd fod ei ddarllen yn amlach na pheidio yn troi o amgylch y Piwritaniaid a'r hen Ymneilltuwyr. Rywbryd fe ddylid ceisio cymharu cynnwys ei lyfrgell â'r enghreifftiau a roddir gan Geraint Jenkins a'r hyn a wyddys am lyfrgell Daniel Rowland[18] ond, yn bennaf oll, â llyfrgell Howell Harris.

* Dymunaf ddiolch i awdurdodau'r Llyfrgell am ganiatâd i bori ynddynt ac i Miss Llinos Davies am gyfarwyddyd parod.

Nodiadau

[1] *Coffadwriaeth, neu Hanes Byr o Fywyd a Marwolaeth y Parchedig John Williams, gynt o Bant-y-celyn* (Pont-y-pool, 1830), t. 34. Fe ychwanega y byddai John Williams yn cyfrannu '*ogant iddaucant o bunau* bob blwyddyn . . . a rhai blynyddoedd, gymaint a *dau cant a hanner* o bunau' at yr achos ac mewn elusen.

[2] Gweler llythyr Williams at ei fab William, 16 Medi 1786, yn Gomer Morgan Roberts, *Y Pêr Ganiedydd I* (Aberystwyth, 1949), t. 160 a'r nodyn ar t. 179. Y llyfr oedd William Buchan, *Domestic Medicine*. Am sylwadau cyffredinol ar lyfrwerthwyr gweler Eiluned Rees yn *Libri Walliae* (Aberystwyth, 1987) II. xxxviii-l a'r adran 'The Distribution of Books' yn Geraint H. Jenkins, *Literature, Religion and Society in Wales, 1660–1730* (Caerdydd, 1978), t. 247–54.

[3] *Y Pêr Ganiedydd* I, Atodiad IV, t. 230–01 a II, t. 274. Gweler hefyd ewyllys Pantycelyn yn I, t. 221–3 ac un John Williams yn I, t. 225–8.

[4] NLW Trefecca College 752.

[5] M. H. Jones, 'Bibliography of Welsh Methodism', *Cylchgrawn Cymdeithas Hanes y Methodistiaid Calfinaidd* 5 (1920), 43–9.

[6] *Y Pêr Ganiedydd* I, t. 234.

[7] Morgan John Lewis (a adwaenid hefyd fel Morgan Jones) oedd hwn,

93

yn ôl pob tebyg; fe fyddai ef a Williams yn cyfarfod yn y sasiynau ac yn wir roedd y ddau'n cydbregethu yn sasiwn Caerfyrddin yn 1748 (*Y Pêr Ganiedydd* I, t. 80). Roedd Whitefield yntau yng Nghymru yn ystod haf 1748.

8   *Y Pêr Ganiedydd* I, t. 85.

9   Mewn llyfr copi, efallai oddeutu 1919/20, NLW 11632B, fe restrodd D. Morgan Lewis nifer o'r cyfrolau yn Llyfrgell Trefeca a oedd yn dwyn llofnod Howell Harris ac fe ychwanegodd un cyfeiriad at Williams: 'Pregeth ar Act. V. 38–39. Dros wneud heddwch â'r Ffrancod. (mewn ysgrifen) William Williams his Book 1789. Pwy yw'r awdur.' Nid yw'n glir ai pregeth Gymraeg ynteu Saesneg.

10   Fe ddaw'r mab arall, William, i'r pictiwr hefyd, er nad yw'r llyfr hwn yn y catalog. Yn *Y Pêr Ganiedydd* I, t. 100 fe gyfeirir at 'lawlyfr Lladin a Saesneg ac ynddo'n sgrifenedig: Wm. Williams e Coll : Joh : Ystradmeurig 1767'. Ni welais mo hwn ond y mae'r un arysgrifen i'w chael mewn cyfrol ffolio heb ddalen deitl ond yn cynnwys comedïau Terence a Menander. Y mae'r nodiadau eraill yn ddiddorol: 'Bt of Rees Davies for [wedi gwisgo] and payd [eto] to Evans Davie[s] for its binding 17[ ]7' ac ar y ddalen flaen rydd, 'Mary Williams her book'. Ai Mali oedd yn darllen Lladin, neu Maria Sophiah? Ac ai gweddus y deunydd?

11   Maurice Davies, *Coffadwriaeth . . . John Williams,* 1830, t. 45 a 55.

12   Gweler *Y Pêr Ganiedydd* II, t. 124–35; Llewelyn Jones, *Aleluia: Argraffiad Diplomatig* (Lerpwl, 1926), t. xxi–lv; Saunders Lewis, *Williams Pantycelyn* (Llundain, 1927), t. 64; R. I. Stephens Jones, 'Dylanwad "Paradise Lost" Milton ar "Golwg ar Deyrnas Crist" Pantycelyn', yn *Ysgrifau Beirniadol* 11 (1979), 165–76.

13   *Y Pêr Ganiedydd* II, t. 41 a 48: 'Yr oedd dau o lyfrau George Wither . . . ym meddiant William Lewis, Pantycelyn – brawd ei fam, sef *Britain's Remembrancer* a *Halelviah or Britain's Second Remembrancer* (1641).'

14   Alwyn Prosser, 'Diddordebau lleyg Williams Pantycelyn', *Llên Cymru* 3 (1955), 201–14.

15   Ceisiais ddangos hynny mewn darlith yn *Bwletin Cymdeithas Emynau Cymru* [gw. uchod, t. 23-47]. Roedd John Williams hefyd yn arbennig o hoff o Gill: 'Pan fyddwyf fi gartref, yr wyf yn treulio y rhan fwyaf o'm hamser yn darllen y Beibl, a sylwadau y Dr. Gill arno. Yr wyf wedi darllen y rhan fwyaf o'r naw llyfr un plyg (9 vol. folio)', Maurice Davies, *Coffadwriaeth ... John Williams,* t. 25.

16   Yn llaw W. H. Powell fe geir nodyn: 'Mason's Gift'; ai rhodd i Powell? Tybed a oedd wedi mynd ar grwydr o Bantycelyn? Y llofnod arall yw 'Mary Ball 1705/6' ond prin fod arwyddocâd yn hynny.

[17] Alwyn Prosser, '*Cyfarwyddwr Priodas* Williams Pantycelyn', *Llên Cymru* 5 (1958), 70–85.
[18] Geraint H. Jenkins, *op. cit.,* pennod X, 'Subscribers and book-owners', t. 225–304; Derec Llwyd Morgan, *Y Diwygiad Mawr* (Llandysul, 1981), t. 113.

Cyhoeddwyd gyntaf yn *Y Traethodydd* 146 (1991), 221–31.

Dylanwad Williams Pantycelyn

PANTYCELYN, WILLIAMS, YR Hen Bant, W neu WW y Llyfr
Emynau, Y Pêr-Ganiedydd: y mae amrywiaeth y cyfeirio yn
awgrymu cymhlethdod yr ymateb. 'Probably the last lyric poet
of South Wales' oedd y teitl a roddwyd iddo yn y *Gentleman's
Magazine* yn Ionawr 1791 ac fe ychwanega'r awdur, o bosibl
Thomas Charles: 'His Muse was wholly religious; yet many
of his hymns have all the properties of the ode, true poetic
fire, striking imagery, and glowing expression. United to the
plaintive musick of the country, their effect upon the people
is astonishing, and the veneration in which they are held little
short of devotion.' Fe welir yn y dyfyniad y ddwy brif ystyriaeth
a fyddai'n nodweddu'r agwedd at Bantycelyn am ganrif neu
well: ansicrwydd y cymharu â'r dilys-lenyddol ar y naill law,
a'r derbyniad parod gan y werin ar y llall. Diddorol yn y cyswllt
olaf hwn, gyda llaw, yw sylwi sut y mae'r enw 'Pantycelyn' yn
cael ei fabwysiadu ar gyfer anheddau tra gwahanol i'w gilydd:
tyddyn Dewi Wyn o Eifion, cartref Mr a Mrs Timothy Davies
yn Oakhill Road, Putney (y 'Mrs Tim' yr awgrymwyd bod
Lloyd George yn or-ffrindiol â hi yn nawdegau'r bedwaredd
ganrif ar bymtheg), y neuadd breswyl yn Aberystwyth, gwesty
glan-y-môr yn Abertawe.

Ni ddylid gorliwio ei boblogrwydd cynnar chwaith. Am
hanner canrif ar ôl ei farw, yr oedd enwadaeth yn chwarae
rhan go bwysig yn y derbyniad a roddwyd i'w emynau. Yr
oedd y Methodistiaid, o'r ddau fath, yn eu croesawu'n frwd,
ond cymdeithasau cymharol fychan, mewn rhai mannau o
Gymru'n unig, oedd y rheini. 'Casgliad o hymnau, gan mwyaf
o waith . . . William Williams' yw is-deitl *Grawn-syppiau
Canaan*, y clytwaith hwnnw a olygwyd gan Robert Jones,

Rhos-lan, yn 1795. Ynddo, fel mae'n hysbys, fe lurguniwyd penillion Pantycelyn er mwyn, yn ôl y golygydd, eu gwneud yn ddealladwy i'r Gogleddwyr; ac fe'u cymysgwyd hefyd â phenillion gan emynwyr eraill. Yr oedd casgliad y Wesleaid, dan olygyddiaeth John Hughes, Aberhonddu, ychydig yn gywirach, ond dim llawer. Yn ei ragymadrodd i argraffiad 1802 o *Diferion y Cyssegr* fe ddywed y golygydd fod 'llawer o'r hymnau o waith Mr Williams, o Sir Gaerfyrddin' er mai 23 yn unig sydd i'w cyfrif mewn cyfanswm o 226; ond erbyn y pedwerydd argraffiad yn 1809 y mae'r nifer wedi tyfu i fod yn 73 o 332 (dewisiad go od, weithiau: yn y trydydd argraffiad o *Diferion y Cyssegr* yn 1807, er enghraifft, fe adawyd allan 'Ymhlith holl ryfeddodau'r nef' ac 'Enynnaist ynof dân'). Yng nghasgliad yr Annibynnwr Dafydd Jones, Treffynnon (*Casgliad o Bum Cant o Hymnau,* 1810) rhyw ddeg o eiddo Williams a geir; ac yn y *Casgliad o Salmau a Hymnau* 1802, gan J. R. Jones, Ramoth (yntau yn Fedyddiwr Albanaidd erbyn hynny) nid oes cymaint ag un. Yna y mae twf cyson i'w weld: casgliad y Bedyddiwr Joseph Harris (Gomer) yn 1821, 108 o 609 (a 252 gan Gomer ei hun); casgliad yr Annibynnwr S. R., yn 1848, bron i 300 o'r ddwy fil. Yn *Caniedydd Israel*, a olygwyd yn 1847 gan Daniel Jones, gweinidog eglwys Annibynnol Bethesda, Merthyr, fe geir 174 o emynau Williams ymhlith y 1,444; ond cymharer hyn wedyn â'r casgliad swyddogol cyntaf ar gyfer holl eglwysi'r Methodistiaid Calfinaidd, *Llyfr Hymnau* 1869: 532 o 951.

Ansicr braidd oedd ymateb yr Eglwys i ddylanwad Pantycelyn. Yn Awst 1848 fe gyfeiriai golygydd *Yr Haul*, Brutus, at erthyglau arloesol Gwilym Hiraethog arno, gan eu cyhuddo, nid heb reswm, o fod yn wrth-Eglwysig:

> Y Parchedig William Rees sydd . . . wedi gwneuthur
> ceffyl brethyn o [hen sant Pantycelyn] i saethu yr Eglwys
> drwyddo . . . A wnaeth Mr Williams Pantycelyn ryw aberth

drwy ymadael â'r Eglwys ac ymuno â'r Methodistiaid? A roes efe fywoliaeth eglwysig ar yr allor er mwyn Methodistiaeth? Naddo, oblegid nid oedd unrhyw debygolrwydd y buasai byth uwchlaw Curad . . . Ni aberthodd Mr Williams gymmaint a dimmai wrth ymadael â'r Eglwys; ond ennillodd filoedd drwy fwrw ei goelbren i blith y Methodistiaid!

Ond teg wedyn yw ychwanegu bod 91 o emynau gan Williams yng nghasgliad Roger Williams o 280 emyn 'at wasanaeth yr Eglwys' yn ei *Mawl Seion* yn 1863.

Arafu lledaeniad poblogrwydd emynau Pantycelyn a wnaeth enwadaeth: dyna i gyd. Poblogrwydd penillion, yn hytrach, gan mai emynau wedi eu darnio sydd yn llawer o'r casgliadau. Ac, fel y gwyddom, canu un pennill ar y tro oedd yr arfer yn hanner cynta'r bedwaredd ganrif ar bymtheg, pan oedd cyfran helaeth o'r gynulleidfa'n anllythrennog. Y mae atgofion Christmas Evans yn 1837 yn dangos sut yr oedd y dull hwn yn gallu sugno'r digrefydd i mewn i brofiadau'r Diwygiad:

> Y symlrwydd a fu yn hen ddull y Cymry o ganu mawl, ydoedd hefyd yn foddion, mewn rhan, i ennill y genedl i wrando gair Duw. Cyn dyddiau Rowlands byddai yr eglwysi yn canu yr emyn i gyd o lyfr. Pan elo dyn gwyllt i gapelau y Saeson, efe a darewir â braw gan wychder y lle, ac yn gweled pawb â'i lyfr yn ei law . . . Ond yng Nghymru, pan yr ennillwyd corff poblogaeth y wlad i wrando . . . rhoddid allan bennill o gyfansoddiad Edmund Prys, neu William Williams, heb un llyfr emynau yn cael ei agor. Tueddai y dull syml hwn i ddenu y dynion gwylltion digrefydd ymlaen at y pregethwr. A thrwy y nerthoedd oedd y pryd hyny, llawer o wŷr a gwragedd, a meibion a merched, a ddysgent yr emyn a'r dôn yn rhwydd, ac a'u canent wrth fyned adref, ac ar hyd yr wythnos . . . Fel hyn y chwythwyd marwor y Diwygiad yn dân mawr nefolaidd. Mewn addoliad teuluaidd, byddai y plant, y gweision a'r morwynion, yn tori allan i ganu y pennill a lynodd yn eu meddwl yn oedfa y Sabboth . . .

Cynhyrfu teimladau a wnaeth emynau Pantycelyn yn Llangeitho yn 1762 ac, fel y dywed John Mills mewn erthygl yn *Y Traethodydd* yn 1846 wrth drafod effaith teithiau Pantycelyn drwy Gymru:

Y mae pob cynnulleidfa fechan, trwy rinwedd yr emyn a'r dôn nefolaidd, wedi dyfod yn ganolbwynt i ddylanwad crefyddol – dylanwad grymusach y pryd hwnw yn fynych na'r bregeth enwocaf. Fel hyn, yr oedd Williams yn sefydlu math o Langeitho fach, ie Llangeitho fawr yn wir, ym mhob man lle y cai dderbyniad.

Yn yr un gyfrol o'r *Traethodydd* y mae Gwilym Hiraethog yn cychwyn ar yr astudiaeth estynedig gyntaf o waith Pantycelyn ac yn cael mai 'ei ganiadau ef (yn nesaf at y Bibl) ydynt brif gyfeillion Cristionogion efengylaidd y genedl', gyda'r pwyslais eto ar yr emosiynol: 'Llawer o aberoedd o "Gariad pur, yn ddagrau melys iawn" a wylwyd ac a wylir yn swn peroriaeth nablau ei awenyddiaeth.'

Apêl arbennig yr emynau oedd eu haddasrwydd ar gyfer cynifer o stadau personol, o Fawl ac Addoliad i Angau a Thragwyddoldeb – i ddefnyddio dau o benawdau *Llyfr Emynau y Methodistiaid Calfinaidd a Wesleaidd* 1927 (255 o 770 emyn). Fe'u clywid ym merw oedfaon diwygiadau ac ar wely angau Christmas Evans a llu o rai eraill; emynau profiad, hunangofiannau ysbrydol Pantycelyn, yn cyfeirio profiadau gwerin, yn dod yn rhan annatod o fywyd beunyddiol. Fe wna un dystiolaeth y tro, efallai: hanes Lewis Edwards yn sgwrsio â hen bregethwr cynorthwyol, William Jones o Lanelidan:

"Fe fydde [nhad], coffa da am dano, yn mynd drwy dair seremoni yn gyson bob bore wedi iddo fo godi. Y peth cynta wnai o fydde ymolchi yn lân." "Da iawn," meddai'r Doctor dan wenu, "bod yn lân i ddechrau gwaith y diwrnod." [Nid oedd William Jones ei hun yn enwog am na destlusrwydd na glanweithdra.] "A fydde fo byth yn esgeuluso gwneud, Dr Edwards, beth bynnag fydde'r brys, a chysgu'n hwyr neu beidio. Wedi hynny fe fydde yn smocio catied; ac yn ddiwedda, cyn mynd at ei frecwast fe fydde yn darllen neu adrodd emyn o waith Williams Pantycelyn." "Rhagorol," meddai'r Doctor dan wenu, "Gorffen gyda'r hen Bantycelyn annwyl."

Faint o ddiwinyddiaeth yr emynau oedd yn cydymdeithio, tybed?

> *Williams* fywiog, bêr ganiedydd,
> Fedrus, enwog athrawiaethydd; . . .

oedd o i Thomas Jones o Ddinbych yn ei *Farwnad* i Daniel Rowland, Williams a Dafydd Morus yn 1791. I Thomas Charles yn ei *Drysorfa* yn Ionawr 1813 'nid oedd neb o'r athrawon y dyddiau hyny, yn fwy goleu yn yr athrawiaeth, ac a wrthwynebodd y cyfeiliornadau yn fwy egnïol'; ac i ninnau heddiw y cyfuniad o angerdd cred yn ogystal â dwyster profiad sy'n nodweddu'r emynau, fel emynau Charles Wesley hwythau.

Fe ddylid pwysleisio eto mai carfan gymharol fechan a gwasgaredig oedd y Methodistiaid yn oes Williams, gyda rhaniadau poenus oddi mewn a bygythion parhaol oddi allan. Dadleuon ynghylch natur y Drindod a phriodoleddau Crist, etholedigaeth a rhyddid ewyllys, datguddiad a chrefydd 'naturiol' (a hefyd lle dysg mewn iawn ddeall bwriadau Duw), achubiaeth a moesoldeb: dyna'r pynciau oedd, yn llythrennol, yn ymddangos yn fater bywyd, a bywyd tragwyddol, i Bantycelyn a'i gyfoeswyr (ac efallai eu bod i'w gweld yn fwy perthnasol i ninnau o hepgor eu hen labeli: Ariaeth a Sabeliaeth, Arminiaeth a Chalfiniaeth, Deistiaeth, Antinomiaeth, Sandemaniaeth). Cymysglyd a deilliedig ddigon oedd daliadau athrawiaethol

y Methodistiaid cynnar, ac er bod Williams yn effro iawn i
fanylion dysgeidiaeth – gweler ei ymddygiad anhyfryd braidd
yn niarddeliad Peter Williams – ei brif gyfraniad diwinyddol
oedd iddo ganolbwyntio ar hanfodion a'u plethu i mewn i
fuchedd y bywyd newydd. Felly, ochr yn ochr â dadleuon
diweddarach rhwng John Elias a Thomas Jones ar Athrawiaeth
yr Iawn, neu, ymhen pedwar ugain mlynedd ar ôl hynny,
ymgais yr Annibynnwr David Adams i ddelweddu'r Iawn a
Phrynedigaeth, yr islif cyson a nerthol yw pwyslais emynau
Pantycelyn ar anfeidroldeb cariad Crist a dibyniaeth hollol dyn
ar ras achubol Duw. Dyma'r llythrennau bras, beth bynnag
a geid mewn print mân o dro i dro. Emynau Williams oedd
gwir Gyffes Ffydd y Methodistiaid ac fe ddaethant yng nghwrs
y bedwaredd ganrif ar bymtheg yn rhyw fath o Gyffes Profiad
i'r mwyafrif o gredinwyr Cymraeg.

Ond yr oedd poblogrwydd ei emynau ymhell o argyhoeddi
pob llenor a beirniad y dylid ei ystyried yn fardd. Y mae geiriau
gofalus Thomas Jones yn ei Farwnad yn gosod y sefyllfa fel yr
ymddangosai yn 1791:

> Do, fe ganodd Hymnau nefol
> Yn dra melus a phrofiadol;
> Nid wrth fanwl drefn prydyddiaeth,
> Ond trwy rîn ysbrydol archwaeth . . .

ac yna mewn troednodyn: 'Y mae yn amlwg fod Mr Williams
yn brydydd o naturiaeth; ond yn ei ganiadau nid ymestynodd
am gywreinrwydd y gelfyddyd: ond dewisodd fesurau hawdd
a llithrig, ar ba rai y canodd mewn dull cyson, profiadol, a
blasus iawn; ac yn y modd cymmhwysaf i atteb i'r dyben o
adeiladaeth dduwiol.' Fe ymosodir yn llymach ar y mesurau
gan J. R. Jones, Ramoth, mewn llythyr at Dewi Wyn, 7
Rhagfyr 1814, er y dylid cofio am ei atgasedd cyffredinol tuag
at frwdfrydigrwydd mewn crefydd:

Yn fwyaf cyffredin, rhyw fesurau gorwylltion, ansobr a
masweddol . . . oedd gan William Williams, y pencerddor
Methodistaidd gynt, ac nid yw ryfedd yn y byd gweled dynion
penboethlyd a gorwylltaidd yn tori allan i neidio a llamddawnsio
wrth ganu y fath fesurau ansobr ac ansyber.

I Ddafydd Ddu 'rhigymwr penrydd a throedrydd' oedd
Williams, 'yn dryllio ac yn brigdori geiriau, cymysgu'r iaith, a
rhwygo gramadeg yn gant o ddarnau' (llythyr at Siôn Wyn, 25
Ionawr 1787). Yn ei *Ministerial Records* yn 1847 y mae Edward
Morgan, Syston, yn dyfynnu llythyr gan ryw 'first-rate poet':

> As a Poet, the Rev. W. Williams occupied a very high
> station . . . although the superciliousness of some prosodical
> despots will not sanction his being termed "a bard", for
> renouncing the strict concatenation peculiar to Welsh poetry,
> and neglecting the extreme correctness of diction required by
> the Bardic code.

Ac yna yn 1846 y mae Gwilym Hiraethog yn gresynu
nad yw'r beirdd a beirniaid barddoniaeth prin erioed wedi
ei arddel, ac fe gyfeiria at ddistawrwydd Gwallter Mechain
yn ei ymdriniaeth ar farddoniaeth Gymraeg ac at y ffaith na
'chymerodd Ieuan Glan Geirionydd arno y gwyddai am ei
enw a'i waith' (os oedd unrhyw un o emynwyr Cymru, gyda
llaw, yn ddyledus i Bantycelyn am ei themâu, Ieuan Glan
Geirionydd oedd hwnnw). Ac nid oes sôn amdano yn *Ceinion
Llenyddiaeth Gymreig* Owen Jones, 1876, er enghraifft.

Erbyn diwedd y bedwaredd ganrif ar bymtheg, sut bynnag,
yr oedd Williams, bardd neu broffwyd, yn cael ei gydnabod
fel testun addas ar gyfer coron yr Eisteddfod Genedlaethol.
Crefyddolder confensiynol yw prif nodwedd pryddest
chwyddedig J. T. Job, enillydd y goron yn Eisteddfod Lerpwl
1900, ond y mae'r ail-orau, gan Ben Bowen, gryn dipyn yn

fwy diddorol. Y mae'n cydnabod 'brychau'i ganiad' ond yn canfod rhywbeth pwysicach na chywirdeb yn yr emynau a'r cerddi:

> Yn mlaen, tyr'd, wawdiwr beiddgar, byr dy lathen;
>   Gwrandawaf ar dy wawdlyd ddedfryd;
> Os chwerddi ar draethau dryllion y llythyren,
>   A fyddi yn ddall i fôr yr yspryd?

Ond yr ergydion trymaf o ochr Williams fel bardd yw rhai Cynddylan Jones yn *Y Traethodydd* yn Ionawr 1922:

> Os yn nhref Caerfyrddin yr arweiniwyd barddoniaeth i gaethiwed, yn Sir Gaerfyrddin yr arweiniwyd hi allan i ryddid. Dafydd ap Edmwnt a'i caethiwodd, William Williams, Pantycelyn a'i rhyddhäodd . . . Mor bell ag y mae Cymru yn y cwestiwn, Williams . . . greodd farddoniaeth rydd . . . Yr oedd beirdd yng Nghymru o'i flaen ef, fwy na digon, ond beirdd y gynghanedd oeddynt; gwneuthur i gydseiniaid glecian oedd eu gwaith – y gwaith mwyaf diffrwyth y bu dynion call erioed yn ei gyflawni.

Yna, o Saunders Lewis ymlaen y mae'r beirniaid yn ei gymryd o ddifrif fel llenor.

Beth am y beirdd eu hunain? Sonedau Williams Parry a Gwenallt yw uchafbwyntiau eu teyrnged, ac ar ddau lwybr gwahanol maent yn tystio i'w greadigrwydd yn ogystal â'i dduwioldeb. '[C]lerwr y Nef', meddai Gwenallt, '[p]encerdd Eisteddfod yr Ysbryd Glân', yn canu '[c]ân y ffydd' yn nhafodiaith gwladwyr. Ac fe wyddys am ei edmygedd cyffredinol o Bantycelyn ac amdano'n canu 'Gwaed y groes' drosodd a thro yn ei ddyddiau olaf.

Ieithwedd Pantycelyn sy'n britho soned Williams Parry, fel y mae ef ei hun yn egluro mewn llythyr a gyhoeddwyd gan

Bedwyr Lewis Jones yn *Yr Arloeswr,* Gaeaf 1959: 'Mae gan Williams lawn cymaint o ran yn y soned dan sylw ag sydd gennyf innau: e.e. ymadroddion fel "llwyd eu gwedd", "ar ddyrys daith", "tu yma i'r bedd", "Jiwbil", "Anwylyd hardd", "nad adnabu dyn", "deheuwynt ir", "pomgranadau'r tir".' Cyfeiriadaeth fwriadus sydd yma, wrth reswm, ac fe ellid olrhain adleisio tebyg mewn beirdd eraill (e.e. 'Minnau orfoleddaf bellach' yn 'Y Tloty' Prosser Rhys, 'Bererin yr anialwch' a'r 'lluoedd ar y Môr Gwydr' yn 'Sŵn y Gwynt sy'n Chwythu' Kitchener Davies, neu 'Dichon y pery'r nos am byth o hyn ymlaen' yn 'Ffenest Ddu' Nesta Wyn Jones). Wedyn fe ellid gweld sut y mae geirfa Williams yn llifo drwy emynau Watcyn Wyn ac yna i gerdd goffa T. E. Nicholas:

Disgwyliodd yn hir am y bryniau pell,
Disgwyliodd yn hir am y wawrddydd well.

Yn *Y Geninen,* Gorffennaf 1913, fe ddatgan Nicholas yn groyw: 'Buasai'n well i'r genedl golli holl gywyddau Goronwy Owen na cholli cynifer ag un o emynau Pantycelyn neu Anne [sic] Griffiths.'

Os am ganfod dylanwadau ar eu puraf, doeth yw troi at yr eilradd; a dyna, a bod yn haelfrydig, yw rhieingerddi John Morris-Jones. Fe fu digon o olrhain dylanwad Heine ar y cerddi ond tybed na ddylid ychwanegu Williams, yn enwedig yn y mesurau a'r delweddau?

Mae gennyf fi ryw geinaf ardd
Bereiddied byth a breuddwyd bardd: ('Fy Ngardd')

Cymharer:

O tyr'd i'th Ardd, f'Anwylyd pur,
Mae'r amser hebot yma'n hir,

Bwyta dy ffrwyth o nefol rin,
Pereiddiaf blanaist ti dy hun.

Neu:

Daeth awel o ddeheuwynt teg,
    A'r cwmwl dudew ffoes;
A golau pur dy eglur wedd
    Sy fyth yn heulo foes. ('Y Cwmwl')

Cymharer:

Tyr'd dithau y dehau-wynt clud,
Sy'n codi'n henaid uwch y byd.
....
Mae'i ddyfodiad fel yr haulwen,
    Byth ni allwn yma fyw,
Heb gael profi presenoldeb
    Llawn hyfrydaf bur fy Nuw.

(Mae'r ddau ddyfyniad cyntaf o Bantycelyn o'r emyn 'O tyred
y gogleddwynt clir', a'r olaf o 'Deued dyddiau o bob cymysg').

Ac fe ellid gwneud cymariaethau tebyg, nid gwell na gwaeth,
gyda'r delweddau 'gwynt', 'lili', 'ffynnon', neu'r ymadroddion
agoriadol 'Rwyf innau', 'Dacw'r coedydd' (ac yna 'Draw
mae'r adar'), 'Mae gennyf', 'Pam y deui' (Williams – 'Pam y
caiff') ac yn y blaen. Yr oedd gan John Morris-Jones ddarlith
enwog ar Bantycelyn ac y mae *Cerdd Dafod* a'r *Welsh Grammar*
yn ei ddyfynnu'n gyson, ond yn ddiarwybod, debygwn i, yr
oedd y clasurydd mawr yn dilyn yr emynydd yn ei gerddi. Nid
oedd ef, hyd yn oed, yn gallu ymysgwyd yn rhydd o ieithwedd
Williams; pa faint mwy yr oedd y crefyddwr cyffredin yn gaeth
iddi? Drwy iaith Williams y cyfryngwyd profiadau ysbrydol i'r
Cymry am yn agos i ganrif, a'i ddelweddau ef, 'pererinion',

'y cartref nefol', 'y bryniau pell', 'anialwch y byd', 'bore braf gerllaw' oedd, ac i rai sydd, yn atseinio yn eu clustiau. Fe'u crynhoir mewn pennill cymharol anadnabyddus o Ail Ran *Ffarwel Weledig*:

Rhosyn Saron teca' ei ddawn,
Seren forau ddisglair iawn,
Sydd yn arwain hyfryd wawr
Trwy'r anialwch dyrus mawr,
Yn goleuo'r llwybr maith
Tua'r wlad o fêl a llaeth.

Ond er inni weld yr emynau yn cyfryngu a llunio profiadau'r Cymry, bach o sôn am y tylwyth sydd ynddynt – yn wahanol i'r marwnadau a'r rhyddiaith. Y mae Pantycelyn fel petai'n cymryd y garfan pererinion yn ganiataol ddigon, yn wahanol iawn i Isaac Watts. Yn yr addasiad a ddyfynnwyd eisoes y mae Pantycelyn yn gwbl bersonol ('O tyr'd i'th Ardd, f'Anwylyd pur') lle mae Watts yn cynnwys y tylwyth cadwedig:

We are a Garden wall'd around,
Chosen and made peculiar Ground:
A little Spot inclos'd by Grace
Out of the World's wide wilderness.

Ond yn sicr fe wnaed y cysylltiad cenedlaethol gan eraill. Prif nodwedd pryddest Ben Bowen yw dangos Pantycelyn fel rhagflaenydd a symbyliad Cymru Fydd:

Unwaith am byth; ni welet un Tom Ellis
Heb salm y Pant a phregeth Howel Harris; . . .
. . . .
Mae dyheadau gwlad yn dy ganiadau;
A churiad calon Duw'n y dyheadau;
Tydi fu yn ganolbwynt y Diwygiad –

Diwygiad yn ganolbwynt y Deffroad;
Dy nerthol law, greawdwr credo'r tadau,
Gaiff Cymru Fydd yn awdwr cymeriadau . . .

Ni ddylai'r cruglwyth haniaethau guddio pwysigrwydd yr uniaethu sydd yma rhwng crefyddolder (dealler, Ymneilltuaeth) a chenedligrwydd, testun a ddadansoddwyd yn dra diddorol gan Dafydd Glyn Jones yn ei ddarlith ar Robert Jones, Rhoslan, yn Eisteddfod Bro Madog yn 1987.

Ond sut, tybed, y bu i'r Cymry, erbyn diwedd y bedwaredd ganrif ar bymtheg, allu neidio dros y personol yn emynau Pantycelyn a mynnu eu gweld fel anthemau 'teulu'r ffydd' a 'chwmni'r pererinion'? Onid oherwydd bod dyfodiad llythrennedd gweddol gyffredinol wedi cydredeg â'r digwyddiad fod un corff o lenyddiaeth, y Beibl ac Emynau Williams, yn gyffredin i ran helaeth o'r genedl? Fe gofir am y ddadl fod un sianel deledu, fel a gafwyd ym Mhrydain am gyfnod cyn dyfodiad Teledu Annibynnol, yn meithrin unoliaeth genedlaethol (Prydeinig yn yr achos arbennig hwnnw), gan fod mwyafrif y boblogaeth yn cael eu bwydo ag un set o brofiadau. Ai cyflwr iachus yw hyn sydd fater arall.

Mae dadfeiliad Ymneilltuaeth yn ystod yr hanner can mlynedd ddiwethaf yn golygu nad oes disgwyl i ddylanwad Pantycelyn fod yr un heddiw ag yn hanner cynta'r ugeinfed ganrif. Eiconau yw'r emynau bellach, yn hytrach na phrofiadau, adleisiau hiraethus o gyfnod gweddol fyr yn ein hanes fel cenedl. 'Dyma,' meddai John Roberts, Caerdydd, 'hwiangerddi Methodistiaeth, ac yn eu sŵn hwy y siglwyd ei chrud.' A ninnau erbyn hyn ar lan ei bedd, tybed a ddaw byth eto awel deheuwynt teg o gyfeiriad Pantycelyn yn dwyn sibrydion egwan am natur cydbererindod cenedl?

Cyhoeddwyd gyntaf yn *Taliesin* 73 (Gwanwyn 1991), 44–52.

Pantycelyn ac Iaith Gwyddoniaeth

NID GWYDDONYDD MO Williams, er iddo arfaethu gyrfa fel meddyg, ond roedd ganddo ddiddordeb mawr yn narganfyddiadau a dyfaliadau ei ddydd. Fe sonnir am Copernicus, Newton, Huygens a Leeuwenhoek yn *Golwg ar Deyrnas Crist*, ac am y ddau gyntaf ym *Marwnad Lewis Lewis*, 1764. Drwy brif boblogeiddwyr y cyfnod y daw ei wybodaeth: fe gyfeirir yn uniongyrchol at William Derham a William Whiston, ac fe welir eraill yng ngweddillion ei lyfrgell (*Astronomy* John Keill, argraffiad 1760; *Nature Displayed*, 1739; *The New Complete Dictionary of Arts and Sciences*, 1788).

Y mae'r enwau eisoes yn awgrymu'r ddau faes sydd yn ei hudo: byd y telesgop a byd y microsgop. Hanfod gwyddoniaeth yr ail ganrif ar bymtheg oedd y ffaith bod y naill a'r llall wedi caniatáu amgyffrediad newydd o'r byd materol, mawr a mân, pell ac agos, a'r wybodaeth wedi ei seilio nid yn unig, nac efallai'n bennaf, ar ddyfaliad, ond yn hytrach ar ffeithiau canfyddadwy. Ail-law oedd profiad Williams o'r byd gwyddonol, ond dyna natur y darganfyddiadau newydd. Nid gwybodaeth gudd mewn iaith annealladwy i'r cyhoedd oedd gwyddoniaeth bellach, ond rhywbeth y gallai'r darllenydd cyffredin ddod i'r afael ag ef. Chwilfrydedd ac awyddfryd addysgiadol sy'n ysgogi diddordeb Pantycelyn yn y lle cyntaf, ynghyd wrth gwrs â'r awydd i arddangos cynllunio dyfeisgar y Crëwr, ond fe ddylid hefyd gyfeirio at boblogrwydd barddoniaeth ddidactig yn gyffredinol yn y ddeunawfed ganrif (meddylier, er enghraifft, am yr Almaenwr, Daniel Wilhelm Triller, yn ysgrifennu cerdd o ddau gant a deugain pennill ar epiliad llyffaint). Fe geir mwy nag un cyfeiriad gan Williams at oleuo'r 'darllenydd anwybodus'; pan fo'r Cymro uniaith, meddir, 'yn clywaid son am y Geiriau, *Philosophy*, *y Mathematics*, *Geography* a'r cyfryw, prin y tybia nad Geiriau o Ddewiniaeth ydynt' (y Rhagymadrodd i *Pantheologia*, 1762). Y mae'r nodiadau helaeth i'r epig *Golwg ar Deyrnas Crist*, gan mwyaf ar 'system newydd astronomi', yn amlwg yn cynrychioli'r bwriad pedagogig; ond o'u cysylltu â chorff y gerdd maent ar yr un pryd yn awgrymu tensiwn nodweddiadol o'r cyfnod. 'A thyma'r System mae y rhan fwyaf o'r byd dysgedig yn ei astudio ac yn ei gredu, a nifer hefyd o Ddifinyddion heb eu rhifo yn ei addef fel gwirionedd; pa un ai bod yn wir Duw a ŵyr, nis gwn i, ac nid yw yn perthyn gymaint at ein iechydwriaeth.' (*GDC*, 31).

Beth, felly, yw statws y wybodaeth wyddonol newydd? A ellir cysoni gosodiadau wedi eu seilio ar arsylwad, sef darganfyddiadau gwyddoniaeth, a gwirioneddau wedi eu cyflwyno drwy ddatguddiad? Yn nhermau *Golwg ar Deyrnas Crist*, a yw'r system ddiwinyddol hollgynhaliol yn gallu amgyffred yr esboniad Newtonaidd o natur y bydysawd? A yw iaith gwyddoniaeth yn addas i drafod y gwirioneddau mawr? Nid yw Williams yn amau dilysrwydd y fethodoleg wyddonol: 'Dealled y darllenydd anwybodus,' dyna fo eto, 'fod Philosophyddion a gwŷr dysgedig o oes i oes, trwy chwilio mwy i ddyfnderoedd rheswm, trwy hir ddal sylw manwl ar droadau'r sêr a'r planedau, ac yn enwedig trwy gymorth y sbienddrychau mawrion diweddar ... ; trwy'r pethau hyn, meddaf, wedi dyfod i adnabod mwy o gwrs llu'r ffurfafen, sef yr haul, y lleuad, a'r sêr nag oeddid yn yr amser gynt' (*GDC*, 30). Fe â mor bell mewn un man (*GDC*, 46) ag awgrymu y gall y ddwy ffynhonnell o wirionedd fod yn gywerth: o gymryd bod y planedau yn 'fydoedd trigiannol, lleoedd wedi eu cymhwyso at gyfanheddu, ac wedi eu llenwi gan ryw greaduriaid addas', fe ychwanega, 'Ond pa fath greaduriaid ydynt, hyn sydd anhawstra nas gellir ei ddehongli heb ddatguddiad oddi uchod, neu ryw sbienddrychau nas gallwyd eto eu cyrraedd.' Yna, ym

Marwnad Howel Davies, fe gymysgir ieithwedd gwyddoniaeth ac ieithwedd crefydd:

> Mewn gogoniant mae yn rhodio,
>   Ar balmentydd pur y nef,
> Megis haul yn ei *ecliptic,*
>   Myrdd o angylion gydag ef:
> Trwy 'spiendrych ffydd oleudeg
>   'Rwy'n ei wel'd yn eglur iawn ...

Ac fe gawn rywbeth tebyg yn y darlun rhyfeddol hwn:

> Duw! help fy enaid egwan i ddringo fry i'r lan,
>   ... a rho 'sbienddrych mawr
> I weld fy Iesu'n gosod seilfaenau'r byd i lawr; ...

(GDC, 29)

Yn rhestr annibynadwy Trefeca o lyfrau Williams fe nodir un gyfrol fel *Languages, Seedplot of,* 1638; y cyfeiriad cywir yw Jan Amos Komensky (sef y Morafiad, Comenius), *Janua linguarum reservata: or, a Seedplot of all Languages*, y pedwerydd argraffiad. Gwerslyfr darllen Lladin a Saesneg oedd hwn a bu'n hynod boblogaidd a dylanwadol dros gyfnod hir o amser. Nid oes a wnelom yma â syniadau diweddarach Comenius ar addysg na'i ymgais unoliadol i ffurfio gwahanol systemau cyffredinol ac i olrhain iaith gyffredinol, ond roedd dwy elfen gwbl newydd yn y llyfr cynnar hwn. Y gyntaf oedd dysgu drwy ddisgrifiad systematig o'r byd naturiol, gan ddechrau gyda'r bydysawd, y ddaear a'i chreaduriaid, a symud ymlaen i drafod dyn, ei wneuthuriad corfforol, ei fywyd teuluol a chyhoeddus, ei arferion, ei grefydd a'i dynged. A'r ail elfen yn y dull ymddiddanol hwn o ddysgu iaith oedd y pwyslais yn y Saesneg ar iaith ddefnyddiadwy, ar yr ymarferol, agwedd a apeliodd yn fawr at y Piwritaniaid.

Ffolineb fyddai pwyso gormod ar un o lyfrau ysgol Pantycelyn, er mai diddorol yw canfod sut y dysgwyd yn Llwyn-llwyd, ond teg cymryd ein harwain ganddo i sylwi ar ddadleuon ieithyddol y ganrif cyn geni Williams. Yr ydym yn arfer â meddwl amdano yn cyfuno iaith yr Ysgrythur ag iaith y farchnad; ond fe ellid ychwanegu at hyn awgrym ei fod yn cyfuno'r moelni gwyddonol a ddisgwylid gan y Gymdeithas Frenhinol â'r syniadau cyfriniol am iaith sydd hefyd ymhlyg yn y pwyslais ysgrythurol ar y 'Gair' creadigol:

Dyrchefwch eich amrantau, edrychwch arno fo
Yn rhoddi cylch pob seren, pob un yn mynd i'w thro;
Y Gair o'i enau'n dyfod, hwy'n ufuddhau heb ball
Er cymaint eu rhifedi, heb un yn cwrdd â'r llall.

(*GDC*, 52)

Fel corff o ieithegwyr yr ail ganrif ar bymtheg y mae Pantycelyn yn derbyn y cyfeiriad Beiblaidd sydd wrth wraidd y ddamcaniaeth Adamaidd am natur iaith:

Ac yntau, yn ôl eu natur, a'u henwai'n addas iawn,
Cyn pasai'r bwystfil heibio fe gafai enw llawn.

(*GDC*, 79)

Hanfod yr athrawiaeth hon, a gynrychiolwyd mewn dadleuon ffyrnig gan y Piwritan John Webster, oedd bodolaeth iaith baradwysaidd, a oedd yn ddealladwy gan Adda cyn y cwymp ond a gollwyd wedi'r alltudiaeth o Eden. Y freuddwyd oedd gallu ail-ddarganfod yr iaith hon, iaith lle roedd cyfatebiaeth berffaith rhwng geiriau a ffenomenau. Credai Webster fod byd natur yn llawn o arwyddion sy'n cynrychioli syniadau dwyfol:

Rhyw lyfr yw'r greadigaeth, aneirif faint ei ddail,
Yn dodi 'maes ogoniant diderfyn Adda'r Ail...

(*GDC*, 75)

111

I'w wrthwynebydd, John Wilkins, rhywbeth i'w greu yw iaith gyffredinol, ac y mae ei gyfrol *Essay towards a Real Character, and a Philosophical Language*, a gyhoeddwyd dan nawdd y Gymdeithas Frenhinol yn 1668 – a'r *'philosophical language'* yn y teitl yn golygu 'iaith wyddonol' – yn ceisio llunio iaith fo'n cyfateb i drefn natur fel y deellir honno drwy ymresymiad ac arsylwad. Fe fyddai'r ymgymeriad yn galw am ddosbarthiad systematig o bopeth yn y bydysawd 'o'r Creawdwr i'r ddallneidr', gyda'u rhaniadau, priodoleddau a chysylltiadau. Nid cyfriniaeth bellach ond gwrthrychedd.

Ac roedd hyn hefyd yn apelio at Williams. Noder, er enghraifft, y manylion seryddol yn y nodiadau i *Golwg ar Deyrnas Crist*, neu'r rhestrau cynhwysfawr a dadansoddol yn y nodiadau i *Pantheologia*:

> Yn *Spain* newydd, neu *Mexico,* y coed ffrwythau yw pren cabbage, caccao, neu cneuen jacolet, venelas, plantain, afalau-pine, cacoes, sapadiloes, avagato-pear, coed mamee, gwava, pear pricle, oranges, lemmons, &c, ac amryw fath o gums a drugs; a choed eu fforest yw cedrwydd, logwood, manchinael, bamboo, mangroves, mahoe, &c ... [cyn i'r Ewropeaid gyrraedd] yr oedd yno lewod, teigers, eirth, elks-deer, math o eifr-danas, mws, pecaree, waree, beafers, apassums, armadilos, guanoes, gwiwerod, pelicanod, milfrein, ac amryw fath o nadroedd, scorpionau ac ymlusgiaid, o ba rai y gwerthfawrocaf yw'r cochineal.
>
> (*GDC*, 446–7)

Nid yw'r camsyniadau yn lleihau'r ymdeimlad bod arwyddocâd i'r listiau sy'n ymestyn y tu hwnt i afiaith bentyrrol Pantycelyn. Y mae gofyn deall mai amgyffred bwriadau Duw yw nod yr holl restru, arsylwi, dadansoddi a damcaniaethu; yng ngeiriau Swammerdam, 'rwy'n rhoddi prawf o ragluniaeth Duw yn anatomi'r chwanen.' Apêl arbennig y telesgop a'r microsgop oedd bod y naill a'r llall fel petaent yn cyflwyno gwybodaeth wrthrychol newydd y gellid yn hawdd ei defnyddio i ddangos yn fwy llachar fyth ardderchowgrwydd y drefn ragluniaethol. Cystal dweud bod sylwi ar y fath ryfeddodau yn gyffredin iawn i'r cyfnod; cymerer, er enghraifft, Moses Browne yn ei *Essay on the Universe* (1735):

> In one small humid Drop the curious Eye
> Can millions of their little Forms descry ...

gyda'r troednodyn: '*With the microscope Dr. Hook discovered no less than 8,280,000 Animalculae in one single Drop of Water, and he suspects Millions of Millions might be contained in it.*' A dyna Williams i'r un perwyl yn canu am y pysgod:

> Rhyw amrywioldeb rhyfedd i'r rhain a rodd efe,
> Rhai buain, gwyllt; rhai dofion; rhai llonydd yn eu lle;
> Yr *oyster* bras sy'n cysgu o fewn ei gragen glyd,
> A'r samwn mawr, parchedig yn teithio dwfwn fyd.
>
> Rhifedi'r swnd drachefen o rai mor fân sy'n bod
> O fewn y dyfnder garw, na chawsant enw erio'd,
> Yn hilio mil ar unwaith, a miliwn meddant hwy,
> Fel byddai luniaeth barod i bysgod ag sydd fwy ...

gyda'r troednodyn: 'Mr Petit [Pierre Petit, 1598–1677, ysgrifennwr toreithiog ar wyddoniaeth yn gyffredinol, mae'n bur debyg] a ffeindiodd 342,144 o wyau mewn pysgodyn a elwir carp, yr hwn oedd oddeutu 16 o fodfeddi o hyd. Ac fe ddywed Mr Lewenhook iddo gyfrif 9,314,000 o wyau mewn pysgodyn cod o faintioli cyffredin' (*GDC*, 72).

Wedyn y mae'r darganfyddiadau seryddol, y 'system newydd ym mherthynas i'r haul, y sêr a'r planedau ... yn gosod Duw i maes yn fwy anfeidrol na'r *Schemes* eraill', ac fe ellir 'edrych trwyddi fel drych eglur er ddaioni, cariad, gallu, trugaredd, ac yn enwedig doethineb Duw yn y greadigaeth' (*GDC*, 31–2). Sylwer ar natur iaith Pantycelyn wrth iddo geisio egluro ffenomenon arbennig yn y ffurfafen: 'Ond y peth mwya' rhyfeddol yw y par'toad a wnawd i'r blaned hon [Sadwrn] gan y Crëwr am ei bod hi mor belled oddi wrth yr haul, ac yn ganlynol yn wastad mor oer ac mor dywyll; hynny yw, y cylch rhyfeddol sydd bob amser o'i chwmpas, yr hwn eilw'r Astronomyddion ei modrwy hi ...' (*GDC*, 41). Nid oes dim rhethreg yn y geiriau; er eu bod yn ceisio profi pwynt maent yn gwneud hynny mewn ffordd hollol blaen a chartrefol. Hynny yw, y mae Williams, er yn gwerthfawrogi'r dull cyfriniol o adnabod y byd, yn ymarferol yn cydnabod dull disgrifiadol y wyddoniaeth newydd. Dull yw hwn sy'n codi o athroniaeth Locke, o argymhellion y Gymdeithas Frenhinol a diflaniad Lladin fel cyfrwng cyfathrebu rhyngwladol, gyda hwb bach o gyfeiriad Comenius a'r ieithegwyr Piwritanaidd. Y diffiniad clasurol yw un Thomas Sprat yn ei *History of the Royal Society* (1667); y mae'r aelodau, meddai, yn benderfynol 'to reject all the amplifications, digressions, and swellings of style; to return back to the primitive purity, and shortness, when men deliver'd so many things, almost in an equal number of words ... preferring the language of Artizans, Countrymen and Merchants, before that, of Wits, or Scholars.'

Y mae'r math yma o ysgrifennu wrth reswm yn gweddu'n well i ryddiaith *Pantheologia* ac i nodiadau *Golwg ar Deyrnas Crist* nag i'r barddoni a'r emynau. Ond, eto i gyd, y mae yn y rheini hefyd ryw foelni, rhyw ymwrthod â gormod ffansi, rhyw ymgais i gyflwyno'r hyn a welir ac a glywir drwy'r synhwyrau, rhyw gyffredinoli delweddau drwy'r cefndir ysgrythurol, sy'n aml yn cyfateb i ofynion Sprat.

Cymysgedd, felly, a welir yn arddull Williams – tensiwn, os mynnir. Fe ŵyr yn dda am gryfder iaith yr 'Artizans, Countrymen and Merchants'; fe gydnebydd hefyd y rhwymedigaeth i gyfleu gwybodaeth mewn ymadroddion sobr, di-rethreg, rhesymol, 'gwyddonol'. Ond nid digon hyn chwaith. Fe erys apêl y gair sy'n dibynnu ar draddodiad yn hytrach na'r synhwyrau, ar ddelweddu yn hytrach na disgrifio. Ochr yn ochr ag ymgais dawel ddisgrifiadol ('Ac hefyd, mae yn bur debyg fod planedau yn troi oddeutu pob un o'r sêr gwibiog hyn ag sydd o'r un natur â'r haul; ac er nad yw'r sbienddrychau mwya' yn abl canfod yn eglur y planedau hyn, eto gwelir rhyw bethau yn gyffelyb i blanedau, y rhai sydd weithiau yn ymddangos, ac weithiau yn ymguddio oddeutu'r lleoedd y mae'r sêr gwibiog ...') fe gawn:

Cans gallu ganmil ragor sydd gan fy Mhrynwr drud
Na rhoddi haul i hongian yn danllwyth uwch y byd,
Ysbeilio uffern lydan, dwyn arfau'r ddraig i bant,
A thorri 'nghalon galed sydd fel yr adamant.

(GDC, 43)

Canmol y Creawdwr, wedi'r cyfan, yw prif bwrpas gwyddoniaeth ac iaith:

Dymunwn roi dy glod i maes
Mewn iaith na's deall daear las ...

(Môr o Wydr)

Llyfryddiaeth

Dyfynnwyd o *Golwg ar Deyrnas Crist* (*GDC*) yn Gomer Morgan Roberts (gol.), *Gweithiau William Williams Pantycelyn*, Cyfrol 1 (Caerdydd, 1964).

Y mae gan Derec Llwyd Morgan ysgrif gynhwysfawr a rhagorol, 'Pantycelyn a Gwyddoniaeth' yn J. E. Wynne Davies (gol.), *Gwanwyn Duw: Diwygwyr a Diwygiadau: cyfrol deyrnged i Gomer Morgan Roberts* (Caernarfon, 1982), t. 164–83.

Ofer fyddai ceisio rhestru'r doreth o lyfrau ac erthyglau gwerthfawr ar y cefndir gwyddonol ond fe ddylid enwi Charles Webster, *The Great Instauration: Science, Medicine and Reform 1626–1660* (Llundain, 1975), yn enwedig ar Comenius.

Ar gwestiwn iaith gweler Hans Aarsleff, *From Locke to Saussure: Essays on the Study of Language and Intellectual History* (Llundain, 1982); Andrew E. Benjamin, Geoffrey N. Cantor a John R. R. Christie (gol.), *The Figural and the Literal: Problems of Language in the History of Science and Philosophy* (Manceinion, 1987); Vivian Salmon, *The Study of Language in Seventeenth-Century England* (Amsterdam, 1979); Thomas C. Singer, 'Hieroglyphs, Real Characters, and the Idea of Natural Language in English Seventeenth-Century Thought', *Journal of the History of Ideas* 50 (1989), 49–70; David S. Katz, 'The Language of Adam in Seventeenth-Century England', yn *History and Imagination: Essays in honour of H. R. Trevor-Roper* (Llundain, 1981), 132–45; ac, yn fwy cyffredinol, Donald Davie, *The Language of Science and the Language of Literature 1700–1740* (Llundain ac Efrog Newydd, 1963).

Ar y Gymdeithas Frenhinol gweler Thomas Sprat, Jackson I. Cope a Harold Whitmore Jones (gol.), *History of the Royal Society* (St. Louis a Llundain, 1959); Brian Vickers, 'The Royal Society and English Prose Style: a Reassessment' yn *Rhetoric and the Pursuit of Truth: Language Change in the Seventeenth and Eighteenth Centuries* (Los Angeles: William Andrews Clark Memorial Library, 1985), 1–76.

Cyhoeddwyd gyntaf yn *Y Gwyddonydd* 29 (1991–92), 91–3.

Rhyddiaith Williams Pantycelyn

FE YSGRIFENNWYD Y rhan fwyaf o'r gweithiau rhyddiaith pan oedd Pantycelyn rhwng hanner cant a thrigain oed, ac fe welir ynddynt ffrwyth profiad bugeiliol helaeth a darllen eang. Roedd Williams, cofier, yn weddol dda ei fyd ac yn berchen ar lawer mwy o lyfrau na'r rhan fwyaf o'i gyfoeswyr clerigol. Cystal dweud ar unwaith mai llyfrau Saesneg a ffurfiai'r rhan helaethaf o'i lyfrgell: yr hen Biwritaniaid, y poblogeiddwyr gwyddonol, haneswyr eglwysig, peth barddoniaeth ac ysgrifau (Addison a Cowley, er enghraifft). Ychydig o gyfeirio sydd at destunau Cymraeg, ar wahân i Feibl William Morgan a gwaith y Ficer Prichard ('y prydydd penna' i gyd'). Fe ellir olrhain yn weddol sicr hefyd elfennau sy'n ein hatgoffa o'r *Bardd Cwsc*.

Y degawd o'r ail Ddiwygiad yn Llangeitho yn 1762 ymlaen yw prif gyfnod ei ryddiaith; erbyn hyn, wrth gwrs, yr oedd yn bregethwr a seiadwr hynod ymroddgar ac effeithiol. A rhyddiaith â phwrpas iddi sydd ar bob tudalen o'i weithiau pros. Nid ysgrifennodd Williams erioed lyfr 'llenyddol'. Gweithiau wedi eu cyfeirio at les ysbrydol y darllenwyr ydynt, yn tyfu'n 'llenyddiaeth' dan ei ddwylo, megis. Ar ôl cyffro'r Diwygiad, yr oedd angen cyflawni nifer o dasgau llai ymfflamychol: esbonio'r ffenomen, ei lleoli yn hanes y ddynoliaeth, dangos canlyniadau'r bywyd newydd, rhybuddio rhag peryglon y byd, rhoddi cynghorion cymdeithasol ymarferol, a chodi calon yr adferedig yn y seiadau. Mewn gair, gwneud y Diwygiad yn ddefnyddiadwy.

Yr ymgais fwyaf uchelgeisiol i gyflwyno corff o wybodaeth i'r bobl yw ei *Pantheologia, neu Hanes holl Grefyddau'r Byd*, a gyhoeddwyd yn rhannau rhwng 1762 a 1779. Y mae'r hysbysiad amdano yn *Mor ô Wydr* (1762) yn egluro ei fod yn traethu am y grefydd Baganaidd, y grefydd Iddewig, y grefydd Fahometanaidd, a'r grefydd Gristnogol, 'at ba un y chwanegwyd Nodau yn rhoi Hanes helaeth iawn o Wledydd Ehang yn mhedwar rhan y byd, y Trigolion, eu moesau, eu Marchnadfa, eu Bwydydd, a'u Llywodraeth, a Rhyfeddodau mwy hynod i'r anysgedig i Glywed'. Yn anffodus, nid oedd gwladwyr Sir Gâr yn gweld fawr o bwynt mewn casglu gwybodaeth am seremonïau'r Twrc nac am yr ugain mynachlog ar fynydd Athos ym Macedonia, ac y mae'r hysbysiadau yn dangos Williams yn colli amynedd am nad oes gwell derbyniad i'w lafur:

> Mae yn drueni fod cyn lleied gwahaniaeth rhwng *Cymro* gwyn uniaith ym Mhrydain a Mwnci gwyn yn yr India, pan mae un yn berchen enaid a rheswm a'r llall heb un; etto y cyntaf nid yw ond gofalu am ei fol, a gwneuthur fel y gwelodd ef eraill yn gwneuthur, heb geisio helaethu na gwrteithio ei ddeall na'i reswm mewn pethau ysbrydol na thymhorol . . .

Fe gyfansoddwyd *Pantheologia* ar ffurf 'Gofyniad ac Atteb, rhwng Eusebius, ac Apodemus, y cyntaf yn Wr Duwiol ond yn anllythrenog, y llall yn Ddysgedig, yn Haneswr, ac yn Drafaeliwr mawr' (y mae rhywbeth yn od yma, gyda llaw, gan mai Eusebius, esgob Cesarea ddiwedd y drydedd a dechrau'r bedwaredd ganrif, oedd 'tad hanes eglwysig'). Confensiwn yr hen Biwritaniaid oedd defnyddio enwau Lladinaidd, gan amlaf yn cyfleu priodoleddau cyfansawdd, mewn ymddiddanion fel hyn; un o gryfderau *Taith y Pererin* yw fod Bunyan yn hepgor y rhain ac yn galw ei gymeriadau yn 'Gristion', 'Dehonglwr', 'Ffyddlon', ac yn y blaen. Ond fel arall y penderfynodd Williams, er nad yw hi'n hawdd credu bod ceisio cyfleu'r neges i werin Fethodistaidd y Seiat wedi elwa rhyw lawer o ddefnyddio'r enwau hyn: Martha Philopur, Philo-Evangelius, Percontator ('Yr Holiedydd') a Peregrinus (yn *Crocodil Afon yr Aipht*), Cantator ('Y Bardd'), Philo Alethes, Afaritius ('Yr

Awyddus'), Prodigalus ('Yr Afradlon'), Ffidelius ('Y Cristion', yn *Tri Wyr o Sodom*), Agrupnus ('Y Gwyliedydd') ac Ermeneus ('Y Lladmerydd', yn *Aurora Borealis*), Theophilus ac Eusebius (yn *Drws y Society Profiad*), Martha Pseudogam, Mary Eugamus, Efangelus a Pamphila (Pamffila, yn y *Cyfarwyddwr Priodas*).

Y ddau lyfryn sy'n ceisio egluro a chyfiawnhau profiadau'r Diwygiad yw *Llythyr Martha Philopur at y Parchedig Philo Evangelius ei Hathro*, 1762, a'i *Atteb* yntau yn 1763. Hawdd meddwl amdanynt fel llythyrau rhwng aelod o un o'r seiadau a William Williams yr arweinydd a'r arolygwr ysbrydol. Y mae Martha yn disgrifio ei chyflwr gwreiddiol: 'balchder ac uchel ffroen oedd fy meistr bechodau'; yna, 'pan welais olwg ar fy nhrueni (ac mi gofiaf y lle, yr awr, y bregeth a'r pregethwr, tra fwyf yn anadlu ar dir y rhai byw), gwelais ef mor ddwfn nas gall'swn gael un pleser is yr haul. Uwchben ffwrn o dân berwedig, tân a brwmstan, mwg pa un sydd yn esgyn i fyny yn oes oesoedd, yr oeddwn yn hongian; nid oedd ond y mymryn lleiaf rhyngwyf a myned at ddiaflaid tros byth' (mae Theomemphus hefyd 'yn cofio am y lle'r anadlodd ar ei enaid dawelaf wynt y ne' '). Ond wedi derbyn sicrwydd maddeuant y mae Martha'n ei chael hi'n amhosibl ymatal: 'Mae 'nghnawd a'm hesgyrn yn gorfoleddu yn y Duw byw. Y funud gynta y caffwy' gyfleustra, a chariad yr Arglwydd yn llosgi o mewn i mi, ac i minnau roi rhyddid i'm nwydau ysbrydol, mae yn naturiol i mi weiddi mawl yr Arglwydd, bendithio a chanmol fy Nuw, llamu a neidio o orfoledd . . .'. Er mwyn cyfiawnhau'r ymateb teimladol hwn, mae hi'n dyfynnu'n helaeth o'r Hen Destament ac yn gofyn i Philo am ei gymeradwyaeth. Yn gyffredinol, y mae'n rhoddi hynny, ond nid heb ddanlinellu cymhlethdod pethau; fe fydd anhrefn a phechod yn llithro i mewn i eglwysi'r Diwygiad, hyd yn oed. Nid yw pob canu a dawnsio yn arwyddo cadwedigaeth. Y mae'r ddelwedd a ddefnyddir gan Williams i gyfleu hyn yn nodweddiadol rymus a chynnil: 'Pan fo awelon o argyhoeddiad neu ddiddanwch yn disgyn fel glaw ar y gwir dduwiol, mae swn y gwynt yn cwrdd â'r rhagrithwyr hefyd, ac yn gweithio rhyw 'chydig ar eu nwydau naturiol; ac yna y maent fel llong o flaen y gwynt, heb un balast ond tan gyflawn hwyliau, ac mewn perygl o gael ei briwio gan y creigydd, neu ei gyrru i mewn i aberoedd amherthnasol.'

Tra bo'n amddiffyn amlygiadau teimladol y Diwygiad, y mae Pantycelyn, ar yr un pryd, yn cymryd i ystyriaeth yr anesmwythdra a deimlid gan neb llai na John Wesley; gweler y cofnod yn ei ddyddlyfr, 27 Awst 1763:

> Mr Evans now gave me an account from his own knowledge, of what has made a great noise in Wales: 'It is common to the congregations attended by Mr W. W. and one or two other clergymen, after the meeting is over, for anyone that has a mind to give out a verse of a hymn. This they sing over and over with all their might, perhaps above thirty, yea forty times. Meanwhile the bodies of two or three, sometimes ten or twelve, are violently agitated; and they leap up and down, in all manner of postures, frequently for hours together.' I think there needs no great penetration to understand this. They are honest, upright men who really feel the love of God in their hearts. But they have little experience, either of the ways of God or the devices of Satan. So he serves himself of their simplicity, in order to wear them out, and to bring a discredit on the work of God.

Roedd Jonathan Edwards wedi bod wrthi yn America yn amddiffyn y Diwygiad yn Lloegr Newydd, ac y mae Pantycelyn yn dyfynnu *The Distinguishing Marks of a Work of the Spirit of God* (1741) yn *Atteb* Philo, gan ddadlau yn rhesymol ac yn ysgrythurol yn yr un modd. Ond, ar ben hyn, y mae hefyd yn rhagfynegi rhethreg pregethwyr y ganrif nesaf.

Fe welir hynny'n gliriach fyth mewn gwaith meithach o

gryn dipyn, *Crocodil Afon yr Aipht, wedi ei weled ar Fynydd Seion: sef Cenfigen, wedi ei holrhain trwy'r Byd a'r Eglwys, tan gyffelybiaeth Bwystfil gormesol yr Anialwch, mor aflunaidd a gwenwynig ei Natur ag un o Fwystfilod y Pwll* (1767). Y mae'r rhagair yn awgrymu ac, ar yr un pryd, yn gwadu'r rheswm dros ysgrifennu'r traethawd: 'Feallai bydd rhai mor ynfyd neu fyrbwyll â thybied mai araith yw'r llyfr bychan hwn wedi ei redeg fel bollt a'i saethu o ganol y tân yn wyllt-danbaid at Sandeman a'i ychydig ganlynwyr yng Nghymru.' Y mae'r targed, yn ôl Williams, yn ehangach o lawer, sef 'torfeydd mawrion yn nes gartref na'r Scot pellennig hwnnw . . . Yr amrywiol enwau o ddynion yng Nghymru ag sy'n proffesu duwioldeb, y rhai trwy eu balchder, hunan-dyb, a'u cenfigen sy wedi gwneud cymmaint anrhaith mewn crefydd ag a wnaeth Nebuchodonosor yn Jerwsalem . . .'. Ond pam y sonnir am Sandeman o gwbl, felly? Roedd Williams a'i gyfeillion wedi bod yn dadlau â John Popkin a David Jones, Derlwyn (nai i Daniel Rowland, o bosibl), ac atynt y cyfeirir, mae'n debyg, yn y farwnad i Rowland:

> Fe fu rhai yn ceisio dringad
>   Fry i'r gadair yr oedd ef,
> Ond cwympasant megis *Lusi*
>   *Ffer* i lawr o uwchder nef;
> *Sandimaniaid* balch yn bostio
>   Eu goleuni mawr a'u grym,
> Chwyddo o wyntoedd fel pledrenni,
>   Nes i'nt rwygo a myn'd yn ddim.

Anodd deall yn hollol pam y cysylltir cenfigen yn arbennig â'r Sandemaniaid, os nad am yr hyn a awgrymir yn y farwnad, sef uchelgais David Jones a'i eiddigedd tuag at Rowland. Roedd y Sandemaniaid hefyd yn hynod anoddefgar ac yn eiddigeddus o'r Methodistiaid. Nid arferion y Sandemaniaid a oedd yn blino Williams (golchi traed ei gilydd, dathlu'r gariad-wledd mewn potes), ond y pwyslais cyfyngol ar ddigonolrwydd ffydd, daliad a arweiniai yn anorfod bron at Antinomiaeth, sef y gred bod gras yn rhyddhau'r cadwedig o unrhyw rwymedigaeth i ufuddhau i ddeddfau moesol. Ni wnâi hyn mo'r tro o gwbl i Bantycelyn. Roedd iawn gredu yn arwain i iawn fyw, ac y mae'r *Crocodil*, felly, yn taranu, nid yn unig yn erbyn cenfigen, ond hefyd yn erbyn unrhyw bechod dan haul – partneriaid cenfigen. Y mae'r pentyrru enghreifftiau yn mynd yn fwrn weithiau, ond y mae'n anodd peidio ag edmygu'r egni sy'n ein pastynu drwy'r llyfr. Dyma un o'r listiau o 'gymdeithion' cenfigen: 'Hunan-dyb, Hunan-gais, Hunan-gariad, Llid, Malais, Drwg-dyb, Celwydd, Twyll, Dichell, Trais, Gormes, Anudoniaeth, Drwg-air, Ymryson, Heresiau, heblaw eraill, megis Eiddigedd Uffernol, Duo Enw, Gau Dystiolaeth, Gwag Siarad, Sisial Drwg, Dymuno Trallod, a thorfeydd eraill sydd yn rhy faith eu henwi ... '. Yn ugain tudalen cyntaf y *Crocodil*, sut bynnag, fe lwydda i gyfeirio hefyd at: Wawd, Cellwair, Balchder, Gorthrymder, Aflendid, Lledrad, Mwrddrad, Rhyfyg, Rhagfarn, Anystyriaeth, Pleserau'r Cnawd, Anlladrwydd, Godineb, Medd-dod, Glythineb, Terfysg, Ymddial, Ymgyfreithio, Anfodlonrwydd, Puteindra, Dicter, Derbyn-wyneb, Tolach, Tuchan, Cybydd-dod, Gau-ddiben, Dibristod, Calongaledwch, Taeogrwydd, Pengaledwch, Oerfelgarwch, Penwandod, Cyndynrwydd. O leiaf, roedd darllenwyr Williams yn gwybod ym mha le yr oeddynt yn sefyll.

Ond i ddod yn ôl at yr arddull bregethwrol (ac y mae Alwyn Prosser yn awgrymu mai coblo darnau o bregethau wrth ei gilydd a wnaeth Pantycelyn yn y *Crocodil*). Ochr yn ochr â'r delweddu a'r malu awyr (y peiriant yn rasio ond y sgriw heb ei throi i ddim pwrpas) fe gawn ddull storïol esboniadol digon tebyg i'r hyn a ddisgwylid gan bregethwyr Cymru am ganrif a hanner ar ei ôl. Fe wna un enghraifft y tro, sef yr arweiniad i hanes y Mab Afradlon: 'Yr oedd gantho ddau fab, un yn ŵr ieuanc dwys a phwyllog, yn ddistaw, ac yn sobr ato ei hun, ond yn sarrug ac yn annaturiol tuag at y rhai o'i gwmpas; y llall yn wyllt, yn hedegog, ac yn annioddefol o bob deddf a rhwymau, o ysbryd am grwydro'r byd, treio ei lwyddiant; ac er ei ddwyn i fyny mewn teulu da, eto yn debyg o fod yn afradlon.' Patrwm o fynegiant hamddenol, yn aralleirio, a thwtio ac addurno'r hanes ysgrythurol ryw ychydig, cyn ein harwain at wreiddyn y mater.

Fe erys un dirgelwch nad wyf eto wedi gallu ei ddatrys: sut y daeth Pantycelyn i wneud y Crocodil yn symbol o genfigen? Nid yw ei ychydig gyfeiriadau mewn mannau eraill o fawr gymorth: yn *Pantheologia* y mae'r pwyslais ar ddichellgarwch y creadur, ac yn *Golwg ar Deyrnas Crist* ni wneir dim ond uniaethu'r crocodil â Lefiathan Llyfr Job. Y mae'n wir bod Peregrinus yn cynnig esboniad o ryw fath: 'am ei fod yn disgwyl mewn dirgel-leoedd am ei 'sglyfaeth, a phan y dalio ef hi, ei fod yn ei boddi yn gyntaf, ac yna yn ei rhwygo yn ddarnau, a'i llyncu mewn ychydig amser; ac anodd iawn cael emblem mwy cymwys o genfigen na hyn'. Yn bersonol, nid wyf yn gweld y cysylltiad agos mor glir, ac er bod awgrym yma, efallai, mai o ryw lyfr emblemau y cafodd Pantycelyn y syniad, nid wyf wedi gallu dod o hyd iddo. Yn y llyfr emblemau Saesneg mwyaf adnabyddus yn ei ddydd (*Emblems Divine and Moral*, gan Francis Quarles, 1635) dyma a geir:

O what a crocodilian world is this,
  Compos'd of treach'ries, and insnaring wiles!

Yn *Iconologia*, gan Cesare Ripa, Fenis, 1669, fe'i cysylltir â thrachwant, a'r emblem yw merch noeth yn eistedd ar grocodil. Yn *The Faerie Queene*, gan Spenser, y mae'n cynrychioli creulondeb a gormes. Fynychaf, wrth gwrs, y ffalsrwydd a awgrymir gan ddagrau crocodil a gyfleir (mae Christmas Evans, gyda llaw, yn cyfeirio at 'y crocodil meddwdod [sydd] wedi llusgo llawer o fynydd Sion i gors cyfeddach a diota' (*Y Traethodydd* 2 (1846), 8)). Yr ydym yn rhyw lun o nesáu at esboniad wrth ddarllen Thomas Manton, y Piwritan, ar Epistol Iago 3. 14 (1657, ac ym meddiant Williams): 'Envy is but a Cockatrice egg, that soon bringeth forth strife'; yna ei gysylltu â Jonathan Edwards: 'The crocodile egg is no bigger than a goose egg, but the crocodile from that egg becomes a great destructive creature . . . So sin is comparatively easily crushed in the egg . . . but if let alone . . . how great and strong, terrible and destructive does it become.' Ond y cliw mwyaf awgrymog, o bosibl, yw'r diffiniad yng ngeiriadur Saesneg Nathan Bailey (1735, gyda llofnod Williams ynddo): 'ENVY (*Hieroglyphically*) an envious person was represented by the water-serpent *Hydra,* because of its proceeding from corruption and mud; intimating, that persons that entertain this ungrateful passion in their breasts, are of such a sordid disposition, that they seem to be made up of mud and baseness.' Y pwynt sylfaenol y tu ôl i ddyfalu fel hyn yw fod cylch darllen Pantycelyn mor eang fel ei bod hi'n gwneud synnwyr i ofyn y cwestiynau.

Y llyfr nesaf oedd *Hanes Bywyd a Marwolaeth Tri Wyr o Sodom a'r Aipht* (1768) – neu, i roddi'r teitl yn ei lawn rwysg: 'Hanes Bywyd a Marwolaeth Tri Wyr o Sodom a'r Aipht, y fan hefyd y croeshoeliwyd ein Harglwydd ni, sef, Afaritius, yr Awyddus; Prodigalus, yr Afradlon; a Ffidelius, y Cristion. Mewn dull o Ymddiddan rhwng Cantator, y Bardd, a Phercontator, yr Holiedydd. At ba un y chwanegwyd, Marwnad i bob un o'r Tri; lle yn niwedd yr olaf, mae Cantator yn dymuno cael Gras a Ffyddlondeb Ffidelius; yn gweld wrth bob Arwyddion ei Ddyddiau ei hun yn agosau, yn galaru ei anffrwythlondeb, ac yn cymmeryd Rhydd-did wrth olwg ar Fyd arall, i geryddu, a satyrisio ychydig ar ei frodyr o bob

Enw, am rai pethau anaddas i'w dyb ef: ond yn y diwedd yn troi i mewn iddo ei hun, ac yn addef ei Ragoriaeth mewn Anheilyngdod i bawb ohonynt.' Yr hyn a gawn yma eto yw deialog, a Percontator (a elwir hefyd yn Percantor) yn holi Cantator am ei brofiadau yn yr Aifft. Tybed a fu iddo ddod o hyd i 'rai o bosibl o'r hen Israeliaid a arhosodd yn ôl yn y dyddiau gynt, ac a ddihunodd yr awrhon yn nyddiau olaf y byd i deithio yr anial mawr tua'r Ganaan ddymunol'? (Afraid dweud mai'r daith i Ganaan a thrwy'r anialwch yw un o brif ddelweddau emynau Pantycelyn hefyd.) Yr hyn a geir gan Cantator ar lun o atebiad yw hanes bywyd a marwolaeth tri gŵr, Afaritius, Prodigalus a Ffidelius, a marwnad i bob un o'r tri. Rhybuddiol yw'r ddwy farwnad gyntaf, fel y dengys pennill neu ddau; dyma dynged Afaritius:

> B'le heddiw mae'th drysorau, ti druenusaf ddyn?
> Pwy sydd yn cadw'th godau a'th filau wrth ei glun?
> Pwy bia'th feysydd meithion, a'th neuadd ddisglair, lân?
> A ge'st ti wybod hynny gan rywun yn y tân?

Ac yna Prodigalus:

> Pwy bleserau'n awr sydd ganddo? ...
>
> P'un ai gwin, ai sac, ai brandi
>   Mae e'n yfed yn ei hynt?
>
> Dyna'r swper sy iddo heno,
>   Brwmstan todd yn tanllwyth las,
> Bwyta hwnnw, hwnnw'n tarddu
>   Trwy bob twll o'i gorff i ma's,
> Yn lle cymysg pob rhyw licer,
>   Yfed llid tragwyddol sydd,
> Tywyllwch dudew ellir deimlo
>   Yn lle hyfryd olau'r dydd.

Patrymol yw'r olaf, yn dwyn dyheadau'r awdur i mewn i'r hanes:

O! na alle f'enaid forio trwy donnau mawr eu grym,
Fel ti, tua thir y bywyd, heb ofni tonnau ddim . . .

'Cymeriadau' haniaethol, ar batrwm y cymeriadau Theophrastaidd a oedd yn boblogaidd yr adeg honno, yw'r rhain ond bod cefndir beiblaidd i'r cyfan. Fe welwn ddylanwad Bunyan efallai, a'r *Bardd Cwsc*, ond odid. Y mae Saunders Lewis yn cyfeirio at *Tri Wyr* a'r *Crocodil* fel 'yr ymgais gyntaf i greu nofel mewn Cymraeg': honiad trawiadol sydd o bosibl yn priodoli ar y mwyaf o egni storïol iddynt. Pwysicach o dipyn yw'r ffaith ein bod yma yn gweld Williams yn dechrau ffurfio moeseg gymdeithasol ar gyfer y ddiadell. Fe bortreedir Ffidelius fel patriarch cyfalafol elusengar. Ond, ar yr un pryd, fe roddir mwy o bwyslais ar dlodi a cham-drin gweithwyr nag a oedd yn gyffredin:

Ffidelius oedd yn wastad, ar bob siwrnai o dre, yn manwl holi am weiniaid y ffydd, gyda rhyw flys enbyd i ddilladu'r noeth ohonynt, a phorthi'r newynog, gan edrych arnynt ymhob gwlad fel tylwyth ei dŷ ei hun; ei frodyr a'i chwiorydd, ei deidiau a'i famau y galwai ef y rhai a gredent yn yr Arglwydd; ni flinai ef ar eu cyfeillach, ac ni ddiffygiodd wneud da iddynt trwy ei holl fywyd. Mae llawer cant ohonynt heddiw yn gynnes yng ngwlân ei ddefaid ef; ac mae celynnau rhai ohonynt wedi cael eu cadw yn llawn blawd, a'u stenau heb fod yn wag o olew, y naill wedi ei fedi ar ei feysydd ef, a'r llall wedi ei wasgu allan o'i olewydd-lannoedd ef.

Stad ysbrydol Ffidelius yw'r canolbwynt o hyd, ond fe'i cyflwynir hefyd fel gŵr yn byw mewn cymdeithas a chyfrifoldebau ganddo tuag ati; nid un o'r selogion a oedd yn diystyru rheswm a moeseg mo Williams.

Y ddau lyfr sy'n dangos orau ei awydd i ddatblygu trefn gymdeithasol ar gyfer ei bobl yw'r *Cyfarwyddwr Priodas* (1777) a *Drws y Society Profiad*, yr un flwyddyn. Y cyntaf, ar lawer cyfrif, yw gwaith mwyaf modern Pantycelyn: '*Ductor Nuptiarum: Neu, Gyfarwyddwr Priodas.* Mewn Dull o Ymddiddan rhwng Martha Pseudogam, a Mary Eugamus, ill dwy oedd ar y cyntaf yn proffesu Duwioldeb, ond y naill wedi gwrthgilio, yn priodi ar ol y Cnawd; a'r llall yn dal at Rym Duwioldeb, yn priodi yn Ofn yr Arglwydd. Yn dri Ymddiddan, (Dialogue) Y Cyntaf, am Ddull Carwriaeth, a Phriodas lygredig Martha, a'i Bywyd anhappus . . . Yr ail, Am Garwriaeth a Phriodas nefol Mary, a'i Bywyd cariadus a chysurus hithau . . . Yr Olaf yn cynnwys Cyngor Mary i Martha i foddio ei Gŵr, a thrwy hynny wneud ei Phriodas yn fwy dedwydd a chyttunol, ac o bosibl ei ennill ef i'r Ffydd. At ba un y chwanegwyd Ymddiddan rhwng Efangelus a Phamphila Ynghylch y Perygl o briodi y rhai digred.' Gwyddys bod y gwaith yn dibynnu, i fesur go helaeth, ar lawlyfrau Saesneg ar briodas a theulu, e. e., Robert Snawsel, *A Looking Glasse for Maried Folkes* (1610). Diddorol hefyd ydyw gweld yng nghatalog ei lyfrgell drosiad Saesneg, *The Woman as Good as the Man, or the Equality of Both Sexes* (1677), o Ffrangeg Poulain de la Barre (1647–1723), yr awdur ffeministaidd cyntaf yn Ffrainc.

Y mae Martha, fel y gwelsom, wedi priodi'n drychinebus: 'O dân uffernol cariad natur! Pa sawl myrdd o ferched glân fel finnau sydd yn wylo'r dagrau chwerwon am ddilyn eu chwant eu hunain, yn lle meddwl Duw a'u rhieni?' Mae'r gŵr wedi troi allan heb fod yn dda i ddim ac wedi colli diddordeb ynddi ar ôl iddi feichiogi: 'minnau â'm bol yn chwyddedig, fy stymog yn glaf, a'm croth wedi bwyta holl gig fy wyneb, nes o'wn yn ymddangos o'm hanner i fyny fel yr angau, ond o'm hanner i waered fel das o yd'. Y mae priodas Mary, ar y llaw arall, yn cael ei disgrifio mewn termau delfrydiaeth fel cynnyrch cariad wedi ei ddatblygu o'r tu mewn i gariad Duw a breichiau'r Seiat. Ychydig iawn o sail sydd dros gyfrif Pantycelyn yn 'fardd Natur', ond yma y mae'n ymwybodol yn defnyddio'r byd naturiol i greu'r awyrgylch priodol: 'Ni eisteddasom ar dwmpath glas, ar weirglodd deg a hawddgar, tan bren poplwydden, a'i frig yn tannu trosom fel gorchudd gwyrddlas, a'i ddail yn chwarae gan awel yr hwyr, yn gwneud hyfryd fiwsic i'n clustiau. A hyn oedd yn nyddiau hyfryd Mai, pan oedd y ddaear yn arogli fel thus, myrr a chasia' (hawdd gweld, wrth fynd heibio, fel y mae'r gymhariaeth olaf yn dangos eto y cefndir beiblaidd yn gymysg â'r tirlun Cymreig).

Y trydydd ymddiddan yw'r mwyaf diddorol, efallai. Fe gymerir blaenoriaeth y gŵr yn ganiataol o hyd, ond, yn groes i dueddiadau'r oes, fe bwysleisir y syniad o bartneriaeth fel sylfaen priodas (rhaid i 'bob gŵr . . . garu ei wraig, a'i chymryd fel y rhan mwya annwyl ohono ei hunan'), ac fe ddangosir hefyd, a siarad yn blaen, sut y gall y wraig gael ei ffordd ei hun, yn aml drwy ystrywiau rhywiol:

> trwy wyneb glân, ymddygiad hardd, geiriau dengar, tymer garuaidd, cydsyniad cariadus, a mil o ffyrdd dirgel eraill ag sydd yn goglais natur pob gwryw ond efnuchiaid, ac yn eu denu i fod fel caethweision iddynt, a'u caru mor bell ag mae myrdd wedi colli eu synhwyrau er eu mwyn.

Hefyd:

> Mae gallu gan ein *sex* ni, O Martha, yn enwedig os byddant ond glân a hawddgar, a chyfrwystra nid bychan i demtio y doethaf, y callaf, a'r cryfa o wŷr, fel y mae yn anodd iawn dianc o'n rhwydau, oni atal gras y nef. . . . Ein traed, ein dwylo, ein gruddiau, a phob rhannau eraill o'n cyrff, trwy rhyw gynyrfiadau bywiol, a wnawn ni yn faglau a rhwydau llwyddiannus i ennill pob gwrywaid ond efnuchiaid. . . . Pa

galon, pa ysbryd na thôdd i lawr fel cwyr o flaen y tân pan dodom ni ein breichiau oddeutu gwddf neu ganol gwrthrych ein cariad? A hynny a wnawn ni hefyd, os bydd y peth yn ateb ein tro, ond aros i'r haul fyned tros furiau'r gorllewin.

Roedd hyn yn ormod, gyda llaw, i'r bedwaredd ganrif ar bymtheg ac fe ystyrid y *Cyfarwyddwr Priodas* yn rhy anweddus i'w ailgyhoeddi. Nid nad oedd Williams yn effro ddigon i beryglon rhyw a'r modd y mae'n gallu arwain i anlladrwydd (fe wyddai yn burion am y cyhuddiadau yn erbyn y Methodistiaid cynnar yng Nghymru ac yn Lloegr), ond y mae hefyd yn ei weld yn rym cysylltiol mewn priodas Gristionogol (ymadrodd cyffredin y traethodau Saesneg yw 'diweirdeb priodasol').

Y mynegiad llawnaf o ofal Pantycelyn am y cymdeithasau, a'r dadansoddiad mwyaf datblygedig o waith Duw yn eu plith, yw *Drws y Society Profiad* (1777); *Templum Experientiae apertum; Neu, Ddrws y Society Profiad Wedi ei agor o Led y Pen* . . . Gwaith arall ydyw ar ffurf ymddiddanion, rhwng Theophilus o Dir Immanuel ac Eusebius o Wlad Cwsg, sef Cymru cyn y Deffroad. Mae'n agor drwy amddiffyn y Seiadau ar dir ysgrythurol, ond hyd yn oed 'pe bai heb un instans nac esampl o'r Hen Destament na'r Newydd i'w gael, mae buddioldeb y fath gyfarfodydd ynddo ei hunan yn ddigon i gadarnhau eu bod hwy wrth feddwl Duw'. Yna, fe eir ymlaen i sôn am drefniadaeth, am ddyletswyddau'r stiwardiaid, am ddisgyblaeth a thorri allan (a Phantycelyn yn bur dyner a goleuedig ar y mater), am reolaeth ar gyfarfodydd, am sut i ddosbarthu elusen a phenderfynu pwy sydd mewn gwir angen. Y mae'r cyfan yn bur ddyledus i *Sail, Dibenion a Rheolau'r Societies neu'r Cyfarfodydd Neilltuol a ddechreuasant ymgynnull yn ddiweddar yng Nghymru*, a gyhoeddwyd ar ôl sasiwn Chwefror 1742. Ond y diddordeb pennaf i ni yw gweld Williams yn ceisio cysoni'r Gymdeithas neu Seiat ddelfrydol â'r grwpiau bychain diffygiol ddigon y bu'n cadw golwg tadol arnynt am bedair blynedd ar hugain. A'r hyn sy'n sefyll allan yw mor rhyfeddol alluog oedd Pantycelyn yn adnabod ac yn dadansoddi helyntion meddyliol a seicolegol unigolion ac ar yr un pryd yn gweld gwerth therapiwtig y grŵp. Yn wir, fe fu'r traethawd yn rhyw lun o batrwm i gymdeithasau'r Methodistiaid Calfinaidd hyd at ein dyddiau ni, gyda phob cenhedlaeth yn ceisio addasu'r dadansoddiadau ar gyfer amgylchiadau'r cyfnod. Efallai, er hynny, nad yw'r gwaith gwreiddiol yn gwneud perffaith chwarae teg â'i feistrolaeth ar y gelfyddyd o fugeilio'r Seiadau, a hynny oherwydd ei ddiffyg tyndra a miniogrwydd, o ran ffurf a meddwl. Ond teg ychwanegu mai barn leiafrifol yw hon.

Ni ddylid gadael *Drws y Society Profiad* heb gyfeirio at yr ergydion a geir wrth fynd heibio: am rai pregethwyr sydd 'yn dwyn hefyd gyd â hwynt sawyr gref o falchder, coegni, hunan-dyb, awydd i ogoniant . . . yn dwyn eilwaith ryw ffug fawr i wybodaeth, doethineb a threfn, trwy ddehongli geiriau, hollti testunau, a chwalu ysgrythurau yn fân, mân i aneirif rannau, gan daflu allan i bobl dywyll, anwybodus, sachau llawnion o athrawiaethau, pynciau, agoriadau, rhesymau, nodau defnyddiau, ac anogaethau'; neu'r darn enwog am wragedd rhai pregethwyr: 'anafus yw gweled gwraig pregethwr yn goeg, yn falch, yn llygad drythyll, yn gleberddus, yn fasweddgar, ac yn enllibaidd; yn dwyn newyddion o dŷ i dŷ, o wlad i'r llall, fel *Gazet* tros Satan'. Y ddyfais hon o amlhau ymadroddion a phentyrru enghreifftiau yw un o elfennau effeithiolaf arddull Pantycelyn.

Fe adawyd tan yr olaf y llyfryn bach sy'n grynhoad nodedig o lawer o'i ddulliau a'i ofalon, sef *Aurora Borealis: neu, Y Goleuni yn y Gogledd, Fel Arwydd o Lwyddiant yr Efengyl yn y Dyddiau diweddaf: (Neu, Shecinah'r Mil Blynyddoedd)*, a gyhoeddwyd yn 1774 ond y sonnir amdano mewn hysbysiad yn 1771.

Ar 24 Hydref 1769, fe nododd John Wesley yn ei ddyddlyfr:

'This evening there was such an Aurora Borealis as I never saw before; the colours, both the white, the flame-colour, and the scarlet, were so exceedingly strong and beautiful. But they were awful too; so that abundance of people were frightened into many good resolutions.' Y mae Williams, yng nghymeriad Ermeneus y Lladmerydd, yn ysgrifennu at Agrupnus y Gwyliedydd, ac yn disgrifio'i brofiad y noson cynt: 'Am ddeg ar gloch y nos neithiwr, y gwelais i ... un o'r rhyfeddodau mwyaf ag a welodd neb erioed yn natur. . . . Fe'm gwahoddwyd allan o'm tŷ gyda brys a dychryn; yr oedd yr holl wybr yn goch, yn laswyn, yn felyn, yn ddugoch, ac yn rhudd; o liw gwaed, o liw'r wawr, o liw porffor, ac o liw amber; holl liwiau'r enfys; ac yn gyffelyb iddo gyda hyn o wahaniaeth, fod yr holl wybr yn dawnsio, ac yn chwarae trwy eu gilydd, fel pe buasai am ddodi aeth ac ofn yn y rhan euog o'r byd; ond creu llawenydd anhraethadwy a gogoneddus yn etifeddion bywyd tragwyddol.' Hawdd credu mai'r un olygfa a welodd Wesley a Williams.

Fe â Ermeneus ymlaen i esbonio mai ffenomen newydd yw hon, nad oedd yn hysbys i'n cyndeidiau nac i'r hen fyd, rhyfeddod wedi ei gadw gan Dduw ar gyfer y dyddiau diwethaf. Yna, y mae'n cysylltu'r goleuadau ag arwyddion ac argoelion y Beibl, ac â'r warant ysgrythurol gyffredinol y bydd rhyfeddodau mawr yn y nef ac ar y ddaear cyn dyfod dydd yr Arglwydd (gweler y ddeuddegfed a'r drydedd bennod ar ddeg o Lyfr Datguddiad). Onid yw hi'n gwbl debygol, medd y ddadl, fod y goleuadau hyn, sydd wedi dechrau ymddangos yn y Gogledd o fewn ein hoes ni, yn arwydd o fwriad Crist i sefydlu ei deyrnas yn fwy gogoneddus nag o'r blaen? Ac fe roddir nifer o resymau; noder dau yn unig. Yn gyntaf, y mae'r lliwiau yn cyfateb i ddioddefiadau Crist: 'Mae yn ddiau fod y glas, coch, gwyn, melyn a phorffor yn cysgodi dioddefaint y Meseia tan yr Hen Destament: darllenwch ond Ecs. xxviii. a Lef. viii, cewch holl wisgoedd yr archoffeiriaid yno wedi eu gwneud o'r lliwiau hyn, sef aur, sidan glas, porffor, ysgarlet, a lliain main; eu gyd yn arwyddocáu clwyfau, cleisiau, a gwaed yr Iachawdwr . . .'; un o'r enghreifftiau amlycaf o bwysigrwydd athrawiaeth y cysgodion ('typology') i Bantycelyn. Yn ail, y dawnsio: 'Mewn moment eilwaith y dawnsia y glas, y coch, y rhudd, y gwyn a'r melyn, trwy eu gilydd, megis pe arwyddocâi gwmpeini o gredinwyr yn llawenhau, yn gorfoleddu, yn bendithio . . .'; hyn yn cyfateb, wrth gwrs, i'r neidio Methodistaidd, fel y sylwodd Derec Llwyd Morgan eisoes.

O'i ddarllen gwyddonol roedd Williams yn gyfarwydd â'r diddordeb yn yr *aurorae* o tua 1715 ymlaen; nid oedd modd iddo wybod am y berthynas rhyngddynt a'r brychau ar yr haul nac am y ffaith bod bywiogrwydd neu weithgaredd heulol ar ei isafbwynt rhwng 1645 a 1715. Ar ôl 1715, a'r *aurorae* i'w gweld drachefn, fe geir llawer o ddamcaniaethu gwyddonol, ofergoelus, diwinyddol a gwleidyddol ar y pwnc (er enghraifft, gan William Whiston a Cotton Mather). Dychymyg cyplysol, cyfannol sydd gan Williams, yn dwyn ei holl brofiadau at ei gilydd fel rhan o'i weledigaeth ysbrydol, ac yn defnyddio'r damcaniaethu hwn i'w bwrpas. Fe welwyd ar y dechrau fel yr oedd am geisio esbonio'r Deffroad, ei leoli yn hanes y ddynoliaeth, dangos canlyniadau'r bywyd newydd, rhybuddio rhag peryglon y byd, rhoi cynghorion cymdeithasol ymarferol, a chodi calon yr adferedig yn y seiadau. Yn *Aurora Borealis*, campwaith ei ddychymyg, fe gawn y cyntaf a'r olaf, yr egluro a'r lleoli, ynghyd â'r codi calon. Fe leolir yn hanesyddol (drwy gymharu â Lloegr Newydd), yn broffwydol (drwy gysylltu'r ffenomen â'r Mil Blynyddoedd ac Ail Ddyfodiad Crist), yn naturiol (drwy ddangos y ffurfafen yn cynhyrfu), yn oruwchnaturiol (drwy liwiau dioddefiadau Crist), yn gosmig (drwy symudiadau aflonydd y ddaear wedi'r Cwymp, gan ddwyn i mewn ddaeargrynfâu 1755 a 1756) ac yn hynod gartrefol ('Am ddeg ar gloch y nos neithiwr . . . Fe'm gwahoddwyd allan o'm tŷ ...'). Golwg cyfannol Pantycelyn, felly: ar fywyd dyn, trefn natur a rhagluniaeth Duw.

A'r codi calon? Wel, dyma fo. 'Cans fel mae goleuni'r gogledd yn rowndio'r awyr, bydd yr efengyl ymhen amser i rowndio'r byd hithau . . . ac wrth edrych ar y pethau hyn . . . yr wyf yn barod i gredu bod haf gerllaw.'

Cyhoeddwyd gyntaf yn *Llên Cymru* 17 / 3–4 (1993), 272–80.

Charles Wesley a Williams Pantycelyn

AR GEFN CEFFYL y cyfansoddwyd llawer o emynau'r ddau, mewn llaw-fer bersonol yn achos Charles Wesley, a diddorol dyfalu a gafodd y camu hamddenol ei effaith ar y mydrau. Rhyfedd ar un wedd fod y ddau emynydd mwyaf erioed yn cydoesi, ac yn ôl pob tebyg wedi rhannu pwlpud o leiaf ddwywaith, ond y mae hi'n briodol cofio mai cyfyng ddigon yw cylch amseryddol a daearyddol yr emyn cymdeithasol. Nodwedd arall gyffredin yw eu bod mor gynhyrchiol: rhyw wyth cant a thrigain o emynau gan Williams a rhywbeth dros chwe mil gan Wesley, ond ychwaneger, wrth gwrs, epigau a rhyddiaith Pantycelyn.

Yn ôl pob tebyg roedd Charles Wesley wedi ysgrifennu cryn nifer o gerddi yn y traddodiad clasurol cyn ei dröedigaeth; plentyn y cyffro oedd awen Pantycelyn. Nid oedd y naill na'r llall yn brin o gefndir a dylanwadau llenyddol. Yng ngwaith Wesley fe welir yn glir ei hoffter o Fyrsil a Horas, ac y mae ei fenthyciadau o Milton, Prior, Young ac eraill wedi eu croniclo'n ofalus gan y beirniaid; hysbys ddigon hefyd yw ei ddiddordeb mewn dyfeisiadau rhethreg a'i ddefnydd o nifer helaeth ohonynt. Nid oedd Williams cystal clasurwr â Wesley, er ei fod yntau'n dyfynnu Fyrsil, ond yr oedd arddull neo-glasurol beirdd y ddeunawfed ganrif ymhell o fod yn ddieithr iddo yntau; gweler, er enghraifft, ei farwnad Saesneg i George Whitefield. Fe geir hefyd ymhlith ei lyfrau, gyda'r llofnod a ddefnyddiai pan yn laslanc, *The English Parnassus* gan Joshua Poole, cyfrol o gyfystyron a chyffelybiaethau ar gyfer beirdd. Paradocs y dylanwadau a'r llawlyfrau yn achos y ddau yw eu bod wedi gallu derbyn y patrymau ond adnewyddu'r mynegiant. Camp y ddau oedd creu iaith a fyddai'n mynegi dwyster y profiadau personol ysgytiol a ddaethai i'w rhan.

Ymgais at ymchwiliad llenyddol fydd yr hyn sy'n dilyn, er nad oes modd mewn gwirionedd ysgaru'r llenyddol a'r diwinyddol mewn emyn. Yn sicr ni cheisir dangos bod y naill emynydd yn rhagori ar y llall. Fe ellid mynd ati i astudio ar wahân nifer o agweddau unigol sy'n gyffredin i'r ddau: ond fe fydd nifer o'r ystyriaethau hyn yn dod i'r amlwg wrth geisio edrych ar un emyn nodweddiadol Gristgreiddiol gan y naill a'r llall. Emynau ydynt heb unrhyw un nodwedd yn pwyso'n rhy drwm; emynau hefyd sydd, er yn gwbl haeddiannol, heb fod efallai ymhlith y goreuon oll (er mai teg ychwanegu bod un beirniad yn cyfrif emyn Wesley yn un o'r chwe emyn gorau o'i eiddo). Yn ddelfrydol mewn cymhariaeth o'r fath fe ddylid dewis o gyfnodau cyfatebol yn hanes y ddau, ond y mae anhawster yn yr achos hwn. Fe ddaeth Charles Wesley i'w oed fel emynydd bron ar unwaith (sydd efallai yn cadarnhau'r dybiaeth ei fod wedi ysgrifennu llawer o gerddi cyn hynny); yn ôl pob tebyg yr emyn cyntaf a gyfansoddodd wedi ei ddeffroad yn 1738 oedd y campwaith: 'Where shall my wond'ring soul begin? / How shall I all to heaven aspire?' Yn 1742 y dywedodd Harris (neu Daniel Rowland yn ôl tystiolaeth arall) 'Williams piau y canu'[1], ac fe ymddangosodd y ffrwyth cyntaf yn y chwe rhan o'i *Aleluia* (1744–7), casgliadau sydd ag emynau teilwng iawn ynddynt ond sydd yn gyffredinol yn tystio i brentiswaith.

Fe gyhoeddwyd emyn Charles Wesley gyntaf yn *Hymns and Sacred Poems* (1742), gyda chwe phennill, ond fe'i hystyrir yma yn y fersiwn a geir yn *A Collection of Hymns for the use of the People called Methodists* (1780) (CH). (Roedd Charles yn amrywio adeiladwaith ei emynau o gasgliad i gasgliad, ac ar ben hynny fe geir dylanwad golygyddol digamsyniol John yn 1780). O Ran Gyntaf *Ffarwel Weledig* (1763) y daw emyn Williams.

Cymer, Iesu, fi fel ydwyf,
　　Fyth ni alla'i fod yn well;
Dy allu di a'm gwna yn agos,
　　Fy ewyllys i yw mynd ymhell;
　　　　Yn dy glwyfau
　　Byddai'n unig fyth yn iach.

Mi ddiffygiais teithio'r cras-dir
　　Dyrys anial wrthyf f'hun,
Ac mi fethais â chongcwero,
　　O'm gelynion lleiaf un;
　　　　Mae dy enw
　　Yn abal rhoddi'r cryfa' i ffoi.

Gwaed dy groes sy'n codi 'fyny
　　'R eiddil yn gongcwerwr mawr;
Gwaed dy groes sydd yn darostwng
　　Cewri cedyrn fyrdd i lawr;
　　　　Gad im' deimlo
　　Awel o Galfaria fryn.

Mwy yw dy eiriau ar y croes-bren,
　　Geiriau gwerthfawr, geiriau drud,
Mwy yw'r sillaf leia' ohonynt
　　Na'm holl dyledswyddau i gyd;
　　　　Drychaf yno,
　　Yno mae fy nerth a'm grym.

Clywed dy riddfannau chwerwon
　　Wnaiff i'm henaid lawenhau;
Teimlo'th gariad wna i'm gelynion
　　Cynddeiriocaf lwfwrhau;
　　　　Yna, yna,
　　Mae fy nhrigfa fyth i fod.

Open, Lord, my inward ear,
   And bid my heart rejoice!
Bid my quiet spirit hear
   Thy comfortable voice;
Never in the whirlwind found,
   Or where earthquakes rock the place;
Still and silent is the sound,
   The whisper of thy grace.

From the world of sin, and noise,
   And hurry, I withdraw;
For the small and inward voice
   I wait, with humble awe.
Silent am I now, and still,
   Dare not in thy presence move;
To my waiting soul reveal
   The secret of thy love.

Thou hast undertook for me,
   For me to death wast sold;
Wisdom in a mystery
   Of bleeding love unfold;
Teach the lesson of thy cross,
   Let me die with thee to reign,
All things let me count but loss
   So I may thee regain.

Show me, as my soul can bear,
   The depth of inbred sin,
All the unbelief declare,
   The pride that lurks within;
Take me, whom thyself hast bought,
   Bring into captivity
Every high aspiring thought
   That would not stoop to thee.

Lord, my time is in thy hand,
    My soul to thee convert;
Thou canst make me understand,
    Though I am slow of heart;
Thine in whom I live and move,
    Thine the work, the praise is thine,
Thou art wisdom, power and love –
    And all thou art is mine. [2]

Y peth cyntaf i'w ddweud yw bod y ddau emyn, yn gwbl
nodweddiadol, yn cychwyn o gefndir ysgrythurol: Wesley
o hanes Elias ar fynydd Horeb, a'r 'llef ddistaw fain' (1
Brenhinoedd 19. 12), Pantycelyn o wead ymadroddion Crist
yn Efengyl Ioan ('ac a'ch cymeraf chwi ataf fy hun', 14. 3; 'a'r
hwn a ddêl ataf fi, nis bwriaf ef allan ddim', 6. 37) ynghyd ag
adleisiau o'r Hen Destament ('Agos yw yr Arglwydd at y rhai
drylliedig o galon', Salm 34. 18; 'agos yw yr Arglwydd at y rhai
oll a alwant arno', Salm 145. 18; 'oherwydd bod y bobl hyn
yn nesáu ataf â'u genau . . . a phellhau eu calon oddi wrthyf',
Eseia 29. 13). Yn emyn Wesley fe geir cyfatebiaeth Feiblaidd i
bron bob llinell; fe all unrhyw un â choncordans wrth law eu
holrhain yn rhwydd ac felly ni fanylir ond ar ambell un, ond
gwerth dweud bod o leiaf dair ar hugain ohonynt. Rhywbeth
yn debyg yw hi gydag emyn Pantycelyn: oddeutu pymtheg
enghraifft sy'n amlwg. Anaml y mae hyn yn fwriadus, gan
fod y Beibl megis yn rhedeg drwy wythiennau'r ddau; ond
ar brydiau fe ellir synhwyro awydd i gyfoethogi ymadrodd
drwy atgof o'r cyswllt ysgrythurol. Y mae 'Bring into captivity
/ Every high aspiring thought', drwy'r cyfeiriad at hunan-
amddiffyniad Paul a'i gerydd i'r Corinthiaid (2 Corinthiaid 10.
5) yn mewnforio elfen lem i lonyddwch y gweddill o'r emyn;
fe wneir hyn yn amlycach fyth mewn emyn arall, 'Lord, and is
thine anger gone?' (CH 181): [3]

Force my violence to be still,
   And captivate my every thought;
Charm, and melt, and change my will,
   And bring me down to nought.

Yn yr un modd y mae Williams yn bur sicr o fod yn ymwybodol o gyfraniad Cân Dafydd (2 Samuel 22) i awyrgylch yr emyn, gyda'r molawd llifeiriol i ogoniant a gallu Duw, a chan gofio swydd Dafydd fel teip o Grist: 'Gwaredodd fi rhag fy ngelyn cadarn', 'cymerodd fi; tynnodd fi o ddyfroedd lawer'.

Y mae'r Beibl, felly, yn ddwfn yng nghyfansoddiad y ddau emyn fel blociau adeiladu; ond penseiri yw'r ddau emynydd ac y mae'n bryd inni edrych ar gynlluniau'r adeiladwaith. Man hwylus i ddechrau fydd efo'r mesur, yn enwedig gan gofio meistrolaeth y ddau ar fydr ac odl. Fe gyfansoddodd Wesley mewn mwy na chant o fesurau, rhai, wrth reswm, yn amrywio mewn manylion yn unig. Un newyddbeth o'i eiddo, efallai o dan ddylanwad emynau Almaenaidd y Morafiaid, oedd cymysgu llinellau iambig a throcäig yn yr un pennill. Dyna, yn dechnegol, a geir yma yn y mesur 7.6.7.6.7.7.7.6., lle mae'r llinellau saith sillaf yn drocäig a'r gweddill yn iambig, trefniant sy'n caniatáu symud parhaus rhwng pwyslais a rhesymu. Ond trocäig, mae rhaid cyfaddef, yw'r effaith gyffredinol, gyda'r ergyd yn dod ar ddechrau a diwedd pob cwpled. Mesur Wesleaidd iawn yw hwn ac anaml y gwelir ef mewn casgliadau eraill; ac, yn wir, y mae pob un o'r naw enghraifft yn y *Methodist Hymn Book* (1933) a'r chwech yn *Hymns and Psalms* (1983) gan Charles Wesley. Yn eu plith y mae emynau adnabyddus: 'Meet it is and right to sing', 'Great is our redeeming Lord' a 'God of unexampled grace'. Y dôn a osodir ar gyfer yr emyn gan John Wesley ym mhumed argraffiad *A Collection of Hymns* (1786) oedd *Amsterdam*, sy'n dal ei thir yn 1933 (rhif 17) ac 1983 (rhifau 101 a 505). Arwydd o boblogrwydd y mesur yw bod *Amsterdam* yn cael ei nodi ar gyfer pedwar emyn ar bymtheg yng nghasgliad Wesley.

Helmsley yw'r dôn a osodir gan John Williams ar gyfer 'Cymer Iesu fi fel ydwyf' yn argraffiad 1811 o waith ei dad, ond yr ydym ni, gwaetha'r modd, wedi uniaethu'r emyn â *Bryn Calfaria.* Y naws, yn ôl John Williams, yw 'galarus' ond prin y gall hyn fod yn wir am yr emyn drwyddo.[4] O'r Saesneg, yn ddiamau, y cafodd Pantycelyn y mesur, mesur a oedd, yn ôl pob golwg, yn gyfarwydd mewn caneuon poblogaidd yn y ddeunawfed ganrif. Y mae Charles Wesley yn defnyddio'r mesur yn achlysurol ('Lo! He comes with clouds descending'), ond gyda chynllun odli gwahanol i un Williams, lle mae'r odli yn dod ar yr ail a'r bedwaredd linell yn unig. Y mae Joseph Hart yn 'Come, ye sinners poor and wretched' (1759) yn odli'n debycach i Bantycelyn ond ei fod yn ychwanegu odl yn y llinell olaf, abcbdb (ac y mae Dafydd Jones o Gaeo, wrth drosi'r emyn yn 1763, 'Deuwch, bechaduriaid tlodion', yn ei ddilyn yn hyn). Sut bynnag am hynny, fe fabwysiadodd Williams y mesur am y tro cyntaf wrth drosi fersiwn cyfansawdd (Wesley a John Cennick) o 'Lo! He comes', sef 'Wele e'n dyfod ar y Cwmwl' yn y *Môr o Wydr* (1762). O hyn ymlaen fe ddaeth yn un o hoff fesurau Pantycelyn ac fe ganodd nifer o'i emynau mwyaf arno:

> Arglwydd, arwain trwy'r anialwch (*Môr o Wydr*, 1762)
> Dacw gariad, dacw bechod (*Ffarwel Weledig* II, 1766)
> Iesu, Iesu, 'rwyt ti'n ddigon (*Ffarwel Weledig* II, 1766)
> O! Sancteiddia f'enaid, Arglwydd (*Ffarwel Weledig* III, 1769)
> Arnat, Iesu, boed fy meddwl (*Gloria in Excelsis* I, 1771)
> Cudd fy meiau rhag y werin (*Gloria in Excelsis* I, 1771)
> Heddiw'r ffynnon a agorwyd (*Gloria in Excelsis* I, 1771)

Y mae rhestru'r llinellau agoriadol ynddo'i hun yn awgrymu

un o gryfderau'r mesur trocäig hwn, sef yr ergyd a roddir i'r gair cyntaf: Arglwydd, Dacw, Heddiw.

Datblygiad gwahanol braidd sydd i'r ddau emyn. Y mae agoriad y ddau yn nodweddiadol; archiad sydd yn y naill a'r llall: 'Open, Lord', 'Cymer, Iesu'. Ac y mae'r ddau yn dwyn yr hunan i mewn ar unwaith, 'my inward ear', 'my heart', 'my quiet spirit', 'fi fel ydwyf', 'fy ewyllys i'. Ond y mae Wesley, fel y crybwyllwyd eisoes, am ein lleoli hefyd am ychydig amser yn hanes Elias ac y mae'r cyfeiriadau 'but the Lord was not in the wind . . . but the Lord was not in the earthquake' (1 Brenhinoedd 19. 11) yn ein cadw felly yn yr Hen Destament hyd at linell ola'r pennill cyntaf. Yn y llinell honno fe drawsgyweirir yn wyrthiol o'r synhwyrus i'r diwinyddol: 'the whisper of thy grace'. Y mae'r distawrwydd, a'r parchedig ofn, yn parhau yn yr ail bennill, ac unwaith eto fe gawn y gair 'inward'. Y mae'r ymadrodd yn ysgrythurol: 'Behold, thou desirest truth in the inward parts' (Salm 51. 6), ond yr oedd hefyd yn un o eiriau cyfoethog y Piwritaniaid: 'Sinne . . . is either inward or outward. Inward, is of the mind, will and affections'.[5] Ac y mae Wesley yn cydio wrth y syniad mewn emynau eraill hefyd:

To me be all thy treasures given,
The kingdom of an inward heaven.   (CH 130)

Retain our sense of sin forgiven,
And wait for all our inward heaven.   (CH 471)

O gofio dyddiad yr emyn (1742) diddorol ystyried cefndir y gair 'still'. Fe gofir mai un o frwydrau cynnar y brodyr Wesley oedd honno yn erbyn tawelyddiaeth eithafol rhai o'r Morafiaid, 'the still brethren' fel y galwyd hwy gan Charles. Yn 1739 ac 1740, dan ddylanwad John Molther, roedd y gymdeithas yn Fetter Lane wedi ei swyno i'r fath raddau gan y gorchymyn 'Be still, and know that I am God' (Salm 46. 10) nes iddynt esgeuluso pob moddion gras allanol, gan gynnwys darllen yr Ysgrythur. Y mae cofnod yn nyddlyfr Charles Wesley, 25 Ebrill 1740, yn egluro ei ofnau yn ddifloesgni: 'Many here insist that a part of their Christian calling is liberty *from* obeying, not liberty *to* obey. The unjustified, say they, are *to be still;* that is, not to search the Scriptures, not to pray, not to communicate, not to do good, not to endeavour, not to desire: for it is impossible to use means without trusting in them. Their practice is agreeable to their principles. Lazy and proud themselves, bitter and censorious toward others, they trample upon the ordinances, and despise the commands of Christ.' Fe ysgrifennodd hefyd nifer o emynau yn gwrthwynebu'r camddehongliad:

> Place no longer let us give
>   To the old tempter's will,
> Nevermore our duty leave
>   While Satan cries, 'Be still! '   (CH 286)

> Still for thy loving kindness, Lord,
>   I in thy temple wait;
> I look to find thee in thy Word
>   Or at thy table meet.

> Here, in thine own appointed ways,
>   I wait to learn thy will;
> Silent I stand before thy face,
>   And hear thee say, 'Be still!'   (CH 89)[6]

Nid rhyfedd felly gweld dau bennill cyntaf ein hemyn ni yn sefydlu'r syniad o wir lonyddwch mewnol cyn arwain yr emynydd, a ninnau gydag ef, i adnabyddiaeth o bechod balchder ac i dderbyniad llwyr o aberth gwaredol Crist. Nid ymateb emosiynol yn unig a geir yn yr emyn, er mai dyna'r man cychwyn: 'bid my heart rejoice'. Ond yn natblygiad y penillion fe symudir i'r ysbrydol, 'to my waiting soul reveal', a'r meddyliol, 'teach the lesson of thy cross', gan barhau gyda'r gyfres yn 'my soul can bear', 'every high aspiring thought', 'my soul to thee convert', cyn troi'n ôl at y galon, 'slow of heart'. Y mae pob pennill yn cynnwys deisyfiad uniongyrchol: 'open' a 'bid', 'reveal', 'teach', 'show' a 'bring', 'convert'. Ym mhob pennill y mae tensiwn rhwng y 'fi' a'r 'ti', ac y mae hyn yn cyrraedd ei uchafbwynt yn y pennill olaf; yn y tair llinell gyntaf y mae'r ddeuoliaeth yn parhau: 'my time . . . thy hand', 'my soul to thee', 'thou canst make me'. Yna y mae'r ergydion yn syrthio ar y 'ti' cyn cloi'n fuddugoliaethus ar y 'fi':

Thine in whom I live and move,
   Thine the work, the praise is thine,
Thou art wisdom, power and love –
   And all thou art is mine.

Sylwer fel mae Wesley yn defnyddio rhyw fath ar sangiad, cyn crynhoi yn 'And all thou art is mine'. A dyma un o'i effeithiau mwyaf grymus, sef dal yr hunan yn ôl tan y munud olaf:

Whose mercy is divinely free
For all the fallen race – and me!   (CH 367)

Tho' Hell protest, and Earth repine,
He died for Crimes like Yours – and Mine.
(Baker, t. 4: pennill o 'Where shall my wond'ring soul begin' a adawyd allan o CH)

Gwerth aros ychydig eto gyda'r llinell – iambig – olaf a'r gair 'all', sydd hefyd yn dwyn pwyslais cryf. Fe ddigwydd y gair rai cannoedd o weithiau yn emynau Charles Wesley, weithiau yn ei arwyddocâd yn y llinell hon, sef dwyn i'r amlwg ogoniant y cynnig sydd yng Nghrist a'i gyferbynnu â phethau'r byd:

> All things let me count but loss
>   So I may thee regain.

Ac fe geir rhywbeth tebyg iawn mewn emynau eraill:

> Come, our life, and peace and rest,
> Our all in earth and heaven.   (CH 401)

Estyniad yn ysbryd Colosiaid 3. 11 yw diweddglo nifer helaeth o benillion, yr enghraifft gyntaf yn adleisio tair llinell olaf ein hemyn:

> From thee, through Jesus, we receive
>   The power on thee to call
> In whom we are, and move, and live –
>   Our God is all in all.   (CH 423)

> Rise exalted by his fall,
> Find in Christ your all in all.   (CH 20)

> Love, like death, hath all destroyed,
> Rendered our distinctions void!
> Names, and sects, and parties fall,
> Thou, O Christ, art all in all.   (CH 504)

Yr hyn sydd yn y fantol yma yw cyffredinolrwydd yr efengyl, yn ei chynnwys a'i chylch, ac yn y man fe ddaeth 'all' yn utgorn yn y ddadl yn erbyn Calfiniaeth. Fe wna un enghraifft y tro i gynrychioli dwsinau o rai tebyg:

> Arise, O God, maintain thy Cause!
>   The Fulness of the Gentiles call;

Lift up the Standard of thy Cross,
  And All shall own Thou died'st for All.
(*Hymns on God's Everlasting Love I*, 1741: Baker, 20)

Trown yn awr at saernïaeth emyn Pantycelyn. Ar un wedd
y mae cyfansoddiad yr emyn yn fwy llac nag un Wesley;
nid oes mo'r un datblygiad syniadol na'r un tensiynau a
phwysleisiau. Ond o graffu fe sylweddolwn mai'r hyn sy'n dal
emyn Pantycelyn wrth ei gilydd yw'r symudiadau a synhwyrau
corfforol. Bod 'yn agos' a 'mynd ymhell', 'teithio'r cras-dir',
'codi 'fyny', '[t]eimlo awel', edrych tua'r groes, 'clywed dy
riddfannau', 'teimlo'th gariad'. Er mai haniaethol ydynt, wrth
reswm, maent yn llwyddo i greu effaith hytrach ddramatig.
Yn emyn Wesley y mae'r lleoliad yn sicr yn digwydd yn y
ddau bennill cyntaf, ond yna y mae'r gyfathrach rhwng y 'ti'
a'r 'fi' yn llai corfforol. O'r tu mewn i'r penillion yr hyn sy'n
amlwg iawn yn emyn Pantycelyn yw'r gwrthgyferbyniadau
cyson: 'dy allu di . . . fy ewyllys i', 'agos . . . pell', 'clwyfau . . .
iach', 'mi fethais â chongcwero . . . rhoddi'r cryfa' i ffoi',
'codi 'fyny . . . darostwng', 'croesbren . . . fy nerth a'm grym',
'[ll]awenhau . . . [ll]lwfwrhau'. Canlyniad hyn yw creu osgiliad
sydd, fel petai, yn ein cadw ar flaenau ein traed.

Fe soniwyd ychydig yn ôl am gyfatebiaeth y cyfarch sydd
ar ddechrau'r ddau emyn, ond y mae hefyd amrywiadau
sy'n awgrymu'r naws wahanol. Nid oes fawr rhyngddynt yn
amlder eu cyfeiriadau yn llinell gyntaf emyn at 'God', 'Lord',
'Arglwydd', 'Duw', er nad oes ond ychydig iawn o gyfarch y
Tad gan Williams o'i gymharu â Wesley. Syndod braidd yw
canfod mwy o enghreifftiau o annerch Jesu[s] yn Wesley nag
Iesu ym Mhantycelyn. Mae'n wir hefyd y ceir gan Wesley
nifer o gyffyrddiadau digon personol:

Jesu, the sinner's friend, to thee,
Lost and undone for aid I flee, . . .   (CH 128)

Jesu! Redeemer, Saviour, Lord,
   The weary sinner's friend,
Come to my help, pronounce the word,
   And bid my troubles end!   (CH 135)

Ond yr hyn a synhwyrir yn emynau Pantycelyn yw elfen
anianol, ddiriaethol, ddaearyddol weithiau, sy'n agos at fynd
â'r personol i dir hyfdra:[7]

Na'd fi Iesu fyn'd yn w'radwydd,
   I ynfydion gwag y byd
                     (C II, 320: *Gloria in Excelsis* I, 1771)

O anwyl Iesu tyr'd i'n cwrdd!
A gwel drueiniaid ar dy fwrdd
                     (C II, 178: *Môr o Wydr*, 1762)

O dere lawr dywysog nen,
   A thyn fy mhen i'n rhydd
[gyda'r atgof am yr hwrdd yn y mieri]
                     (C II, 285: *Ffarwel Weledig* III, 1769)

O tyr'd ar frys f'anwylyd pur,
Cwpla'th addewid, na fydd hir
                     (C II, 62: *Aleluia V*, 1747)

Tyred Iesu i'r anialwch,
   At bechadur gwael ei lun
                     (C II, 264: *Ffarwel Weledig* III, 1769)

Tyr'd fy anwylyd, tyr'd i ma's,
O dwrf y byd a'i ddwndwr cas;
I mi gael dy gymdeithas gun,
Yn ddistaw lonydd wrthyf f'hun.
                     (C II, 164: *Môr o Wydr*, 1762)

[Caniad Solomon 7. 11; cymharer y pennill â'r ddau bennill cyntaf o emyn Charles Wesley sydd dan sylw.]

O gymryd enghraifft o gorff emyn fe welir yn gliriach fyth, ond odid, yr elfen gorfforol yn Williams mewn cymhariaeth â'r ddau ddyfyniad o Wesley yn cyfarch y 'sinner's friend':

O Ffrynd troseddwyr moes dy law,
A thyn fi draw i dre
                (C II, 65 : *Aleluia* V, 1747)

Agwedd arall ar hyn, wrth gwrs, yw'r mynych gyfeirio gofodol, y pwyntio, a geir mewn adferfau ar ddechrau emynau Pantycelyn: 'Dyma'r man dymunwn aros', 'Dacw'r hyfryd fan ca'i drigo', 'Dacw'r gwledydd hyfryd helaeth', 'Draw mi wela'r nos yn darfod', ac yn y blaen. Nid yw cyffyrddiad fel hyn mor hawdd yn y Saesneg ond, a chydnabod hynny, prin yw'r agoriadau adferfol gan Wesley, ac y mae'r mwyaf adnabyddus ohonynt, 'Where shall my wond'ring soul begin?' yn holi yn hytrach na lleoli. Y ferf orchmynnol 'Come' sydd agosaf at gyfateb yn ei emynau: 'Come, O thou Traveller unknown', 'Come Saviour Jesu from above', 'Come, thou high and lofty Lord'. Ond yn amlach na pheidio swyddogaeth y gorchymyn yw cyfarch y gynulleidfa, y cyd-bechaduriaid: 'Come on my partners in distress', 'Come, let us anew, Our journey pursue', 'Come ye that love the Lord', 'Come, and let us sweetly join'. Y mae Wesley yn cadw'r berthynas Crist-emynydd-cynulleidfa braidd o hyd braich ar brydiau; y mae Williams yn tueddu i gydio'r tri wrth ei gilydd.

Prif nodwedd arddull y ddau yw uniongyrchedd, grymuster, naturioldeb. Y mae John Wesley yn ei ragair i *A Collection of Hymns* yn gosod y mater fel hyn: 'We talk common sense . . . and use no word but in a fixed and determinate sense. Here are (allow me to say) both the purity, the strength, and the elegance of the English language – and at the same time the utmost simplicity and plainness, suited to every capacity.' Y mae hyn yn dweud gormod ar rai pynciau ond yn cyfleu'r gamp gyffredinol yn ddigon teg. Y mae Williams yn ei ragymadrodd i ail gasgliad *Ffarwel Weledig* yn annog darpar-emynwyr i ddarllen rhai o lyfrau'r Beibl am eu bod 'yn llawn o ehediadau prydyddiaeth, troell-ymadroddion, amrywioldeb, esmwythder iaith a chyffelybiaethau bywiol.' Sylwer ar yr 'esmwythder iaith' i'w gymharu ag 'utmost simplicity and plainness' John Wesley. Y cyferbyniad priodol yn Saesneg yw â chymhlethdod a dyfeisgarwch delweddau'r beirdd metaffisegol (Donne, Herbert, Vaughan); yn Gymraeg â barddoni astrus yn y mesurau caeth. Y gwahaniaeth mawr yw bod patrymau parchus o ysgrifennu plaen ar gael yn Saesneg i'r brodyr Wesley (Bunyan a Defoe mewn rhyddiaith, dyweder, Watts mewn emynyddiaeth, Pope mewn barddoniaeth); ychydig oedd gan Williams o'i ôl yn Gymraeg, heblaw y Ficer Prichard.

Ym mhob emyn fe fydd elfennau fformiwläig, cyfarwydd; dyna natur ffurf sy'n gorfod cyfathrebu'n gyflym a chyhoeddus â chynulleidfa sydd, neu o leiaf a oedd, yn an- neu'n hanner-llythrennog. Anaml felly y dylid disgwyl ymadroddion cwbl anghynefin ond, o'u defnyddio'n gynnil, fe allant fod yn hynod effeithiol. Geiriau Lladinaidd eu tarddiad sy'n cyflawni'r swydd i Charles Wesley, ac y mae ambell enghraifft yn hysbys: 'with inextinguishable blaze' (CH 318), 'blest with this antepast of heaven!' (CH 29).[8] Yn ein hemyn fe gawn 'high aspiring thought' ('every high thing that exalteth itself' sydd yn 2 Corinthiaid 10. 5), neu 'thy comfortable voice', ymadrodd sy'n dwyn i gof Wasanaeth y Cymun yn Y Llyfr Gweddi: 'Hear what comfortable words'.[9] Gair arall, Hen Saesneg ei darddiad y tro hwn, a ddefnyddir mewn ffordd braidd yn annisgwyl yw 'undertook' yn yr ystyr 'gwarantu', 'mynd yn gyfrifol'; fe'i ceir hefyd mewn emyn arall:

Our Advocate with God,
He undertakes our cause ...   (CH 268)

Effaith geiriau fel hyn yw nid addurno ond cynyddu'r tyndra
radd neu ddwy; weithiau fe ddaw gair hynod 'seciwlar' megis,
fel rhyw gramp i'n cysylltu ni â'r daearol: 'the pride that *lurks*
within'. Ar brydiau y mae'r geiriau annisgwyl yn awgrymu
cyswllt ehangach. Ymadrodd felly yw 'wisdom in a mystery
of bleeding love unfold', lle mae'r dyfyniad o 1 Corinthiaid
2. 7, 'but we speak the wisdom of God in a mystery', wedi ei
gydio wrth waed y groes (y mae Wesley yn defnyddio 'gwaed'
gannoedd o weithiau yn ei emynau, ac nid yw Williams fawr
ar ei ôl – sy'n awgrymu dylanwad parhaol y Morafiaid ar y
ddau). Y cam naturiol yw cysylltu'r Cymun â'r cwpled, ac fe
wneir hynny'n uniongyrchol yn *Hymns of the Lord's Supper,*
1745:

Author of our salvation, Thee
   With lowly thankful hearts we praise,
Author of this great mystery . . .

We see the blood that seals our peace . . .   (Tyson, t. 277)

Un sylw arall: fe gyfeiriwyd eisoes at y cyfuniad syfrdanol,
'the whisper of thy grace', ac fe ellid gosod ochr yn ochr ddwy
linell o emyn arall, addasiad John Wesley o un o emynau Watts
y tro hwn:

But the mild glories of thy grace
   Our softer passions move; . . .   (CH 217)

O bosibl mai rhywbeth fel hyn sy'n creu naws arbennig
emyn, yn hytrach na'r dyfeisiadau rhethregol a restrir yn
ofalus yn emynau Charles gan nifer o feirniaid (er enghraifft

y gwrthgyferbyniad yn 'Let me die with thee to reign').

Ar brydiau y mae sawr y pridd a'r farchnad ar eirfa Pantycelyn, er mawr fantais i rymuster yr emyn. 'Yn abal rhoddi'r cryfa' i ffoi', ''drychaf yno', 'wnaiff i'm henaid' – nid yw'r enghreifftiau yn yr emyn hwn yn arbennig o drawiadol, ond yr un ydynt yn y bôn â rhai o'r ymadroddion y bu golygyddion hen a newydd yn mynd i drafferth i'w dileu:

Dyma'r beger 'gyfoethogwyd
(C II, 213: *Ffarwel Weledig* II, 1766)

Gwlad lle mae fy ffryns yn gyson
Wedi darfod â'u siwrneion
(C II, 263: *Ffarwel Weledig* II, 1766)

Trwy heolydd [seinier hewlydd] Sion pan b'wy'n myn'd
Yn holi'r gwylwyr am fy Ffrynd
(C II, 91: *Hosanna i Fab Dafydd*, 1751)

Fe swynwyd Pantycelyn gan enwau priod: Constantinople, Coromandel, Malabar, Ophir, Potosi, ond hefyd lu o rai Beiblaidd o Gilead i Capadocia ac, wrth gwrs, Canaan. Mewn ufudd-dod i'r mesur fe ddechreuodd bron ar unwaith ddefnyddio enw lle yn y cyflwr genidol yn cael ei ddilyn gan yr enw cyffredin, 'Canaan Wlad', 'Salem Dir', 'Pisgah Fryn' (*Aleluia* I, 1744), ac erbyn *Aleluia* III, 1745, fe gawn 'ar ben Calfaria fryn'. Yn *Theomemphus* fe ddigwydd bedair gwaith o fewn pedwar pennill ar ddeg (GWP II, 242–3), ac yn ein hemyn ni y mae nid yn unig yn rhyw ramanteiddio 'awel o Galfaria fryn' ond, yn ffurf ddiwygiedig 1790, yn gorfod cloi'r emyn: 'Boed fy nhrigfan, / Hyfryd ar Galfaria fryn'.[10] Hawdd hefyd fyddai dyfynnu'r ffurf o nifer o emynau eraill yn *Ffarwel Weledig*: 'Brydnawn gwaith ar Galfari fryn' (C II, 232), 'Am gariad yn dyodde' / Ar ben Calfaria fryn' (C II, 287).

Fe gyfoethogir yr emynau inni (fel rhai Charles Wesley o ran hynny) drwy atgofion am rai ymadroddion sydd yn ymddangos yn fformiwläig. Go brin y byddai darllenwyr, neu yn hytrach y rhai oedd yn canu emynau Williams yn chwedegau'r ddeunawfed ganrif, heb gofio am ei deithiau eraill drwy'r anialwch. Y mae adlais y Salmau i'w glywed yn 'Mi ddiffygiais teithio'r cras-dir dyrys anial' ('hiraethodd fy nghnawd amdanat, mewn tir cras a sychedig heb ddwfr', Salm 63. 1), ond y darlun o bererindod y Cristion tua'r Ganaan fry yw'r nodyn llywodraethol:

O fewn i'r anial dyrus maith,
Yn disgwyl hyfryd ben fy nhaith ...
(C II, 174: *Môr o Wydr: Hymnau Newyddion*, 1764)

Ar grasdir crinder cras,
   Disgynodd gras ein Duw,
Yn loyw ffrwd afonydd daeth,
   Mewn anial gwaetha ei ryw.
(C II, 281: *Ffarwel Weledig* III, 1769)

'Rwi'n diffygio ar fy nhaith,
Hir yw'r anial dir a maith;
....
Nid oes neb all fy iachau,
Congcro 'm pechod, maddeu 'mai,
Ond a roddodd gadarn lef
Rhwng y ddaear fawr a'r nef.
(C II, 261: *Ffarwel Weledig* II, 1766)

Fe ellid pentyrru enghreifftiau, a'r un modd gyda'r gweddill o ymadroddion yr emyn. 'Yn dy glwyfau / Byddai'n unig fyth yn iach' yn cael ei adleisio yn 'Iesu 'gollodd ddwyfol wa'd, / Minnau 'gafodd wir iachâd' (C II, 277: *Ffarwel Weledig* II, 1769); 'Clywed dy riddfannau chwerwon / Wnaiff i'm henaid lawenhau' i'w osod ochr yn ochr â 'Bechadur, gwêl e'n sefyll yn llonydd ar y Groes! / Clyw'r griddfan sy'n ei enaid tan ddyfnder angau loes' (*Theomemphus,* GWP I, 245) a 'D'wed y gair, fy addfwyn Iesu / Yna f'enaid lawenha' (C II, 343: *Gloria in Excelsis* II, 1772; emyn sydd hefyd yn erfyn ar yr Iesu, 'Gwrando lef un eiddil, gwan . . . / Mae 'ngelynion heb rifedi, / Yn fy nghuro o bob tu'). Ac fe ellid mynd ati i ddyfynnu'n debyg o gwmpas y geiriau 'clwyfau', 'croesbren', 'cynddeiriog', 'gelyn', 'sillaf', 'trigfa' ac eraill. Ond y cwestiwn a awgrymir yw hyn: beth yw cyfrinach defnyddio fformiwlâu ac ar yr un pryd aflonyddu arnynt, ac felly eu hadnewyddu? Cyferbynnu yw un ateb, fel yr awgrymwyd eisoes: '[g]riddfannau chwerwon . . . llawenhau', ''r eiddil yn gongcwerwr mawr'; cyfochredd yw un arall: 'geiriau gwerthfawr, geiriau drud'; yna ailadrodd ar ddechrau llinell: 'gwaed dy groes . . . gwaed dy groes', 'mwy . . . mwy', neu o un llinell i'r llall: 'yno, yno', ac yn y llinell, 'yna, yna'; amrywiad bychan weithiau: 'fyth ni alla'i . . . dy allu di', a diau y gellid awgrymu dyfeisiadau eraill, hanner ymwybodol yn aml, i'r un perwyl. Ond y pwynt sylfaenol yw nad y manion ond yr osgo sy'n argyhoeddi. Nid addurn, ac yn sicr nid diogi, yw'r fformiwlâu ysgrythurol, ond mosäig byw. Roedd y ddau emynydd o hyd yn gyfarwydd iawn â'r broblem a fu'n poeni esthetegwyr Protestannaidd yn y ddwy ganrif flaenorol, sef sut i gyfleu gwirioneddau mawr yr Ysgrythur yn iaith creadur syrthiedig. Yr ateb naturiol oedd defnyddio geirfa, delweddau a strwythur barddonol y Beibl, a oedd eisoes â gwarant gwirionedd ganddynt, i fynegi'r profiadau cyfoes. A chan y byddai'r gwrandawyr yn gyfarwydd â'r cefndir ysgrythurol fe ellid ystyried y mynegiant yn rhyw fath ar law-fer ar gyfer y tylwyth. Ond at hyn, wrth gwrs, roedd gwead bywyd y ddau emynydd yn Feiblaidd. Os rhywbeth y mae Wesley yn trafod yr ieithwedd Feiblaidd yn gywreiniach, a Phantycelyn yn ymgorffori'r delweddau yn fwy trwyadl yn ei agweddau. Anodd peidio â chredu ar brydiau fod Pantycelyn mewn gwirionedd yn disgwyl gweld llewod ar y Bannau a phrofi crastir ac anialwch yn Nyffryn Tywi.

Nid prydyddu oedd Wesley na Williams ond ceisio cyfleu'r tân oedd yn eu profiad.[11] Natur yr emyn yw eu gorfodi i wneud hynny mewn ffwrnais fechan, gyntefig braidd. Y wyrth yw bod y gwres mor danbaid.

Nodiadau

[1] Am y gwahanol draddodiadau gweler Gomer Morgan Roberts, Y Pêr Ganiedydd II (Aberystwyth, 1958), t. 40–5.

[2] Yr unig amrywiadau pwysig yw'r canlynol:

Wesley: 1742, cynnwys fel pennill cyntaf:
Christ, my hidden life appear,
   Soul of my inmost soul;
Light of life, the mourner cheer,
   And make the sinner whole.
Now in me thyself display,
   Surely thou in all things art;
I from all things turn away
   To seek thee in my heart.

Williams: Haleluia Drachefn (c. 1790), y ddwy linell olaf:
Boed fy nhrigfan,
Hyfryd ar Galfaria fryn.

[3] CH: A Collection of Hymns for the use of the People called Methodists, 1780. Fe ddyfynnir o'r argraffiad safonol, sef Cyfrol 7 o The Works of John Wesley, gol. Franz Hildebrandt ac Oliver A. Beckerlegge, Oxford: Clarendon Press, 1933, xiv, 848 tt., gyda llyfryddiaeth helaeth. Dyfyniadau eraill o Baker, sef Representative Verse of Charles Wesley, detholwyd gyda rhagymadrodd gan Frank Baker, London: Epworth Press, 1962. lxi, 413 tt. (ailgyhoeddwyd y rhagymadrodd, gydag ychydig gyfnewidiadau, fel Charles Wesley's Verse, London: Epworth Press, 1964, 110 tt.) a Tyson, sef Charles Wesley: a Reader, gol. John R. Tyson, New York & London: Oxford University Press, 1989, 519 tt.

[4] Gweler hefyd ar 'Helmsley', tôn Thomas Olivers, sylwadau Gomer Morgan Roberts yn Y Pêr Ganiedydd, II, 111–12, a'i erthygl 'Dylanwad rhai o Fethodistiaid Lloegr ar emynau a mesurau Pantycelyn', Bathafarn 2 (1947) 56–62; hefyd R. D. Griffith, Hanes Canu Cynulleidfaol Cymru,

Caerdydd: Gwasg Prifysgol Cymru, 1948, t. 119–22. Mae gan E. Wyn James dudalen yn ei *Dechrau Canu: Rhai Emynau Mawr a'u Cefndir*, Pen-y-bont ar Ogwr, 1987, ar yr emyn a'r dôn, gan adrodd hefyd hanes am Williams yn codi cywilydd ar dorf yn Llangefni drwy gael ei wraig i ganu'r geiriau ar y dôn 'Nansi Jig'.

5   William Perkins, *Workes* (1608-9), III. 2, t. 483; dyfynnwyd o M. van Beek, *An Enquiry into Puritan Vocabulary*, Groningen, 1969, t. 75.

6   Am enghreifftiau eraill, a thrafodaeth ar 'The Stillness Controversy', gweler Tyson, t. 260–86.

7   Er mwyn hwylustod fe gyfeirir at yr emynau yn argraffiad N. Cynhafal Jones, *Gweithiau Williams Pant-y-celyn*, Cyfrol II, Newport, 1891 (C II) ond ni ddilynir y testun o angenrheidrwydd. Os am destun derbyniol i emynau dethol, gweler *Emynau Williams Pantycelyn*, gol. Derec Llwyd Morgan, Gwasg Gregynog, 1991, a *Gwaith Pantycelyn: Detholiad*, gol. Gomer Morgan Roberts, [Aberystwyth], 1960.

Fe gyfeirir at Theomemphus yn argraffiad Gwasg Prifysgol Cymru, *Gweithiau William Williams Pantycelyn*, Cyfrol I, gol. Gomer Morgan Roberts, 1964 (yma GWP I).

8   Y mae hi'n werth sylwi nad Wesley oedd yr unig un i ddefnyddio'r gair mewn emyn. Fe'i ceir gan y Morafiad, William Hammond, yn ei *Psalms, Hymns and Spiritual Songs*, 1744, t. 48: 'What are these Antepasts of Love / To those which we shall have above?'

9   Roedd pwnc cysur yn dod i'r amlwg yn gyson yn emynau a phregethau Charles Wesley ac, yn ein cyswllt ni, amhosibl yw mynd heibio i gofnod yn ei ddyddlyfr, 28 Awst 1747: 'We rode to Maesmynis church. I preached, and Mr Williams after me in Welsh ... I preached a fourth time [yr oedd wedi pregethu ddwywaith yn yr awyr agored] at Garth, on, 'Comfort ye, comfort ye my people.'

Yn anffodus, ni ellir dweud i sicrwydd mai Pantycelyn oedd y Mr. Williams, er bod hynny'n ddigon tebygol. Ond fe all mai'r Parch. Rice Williams, Llansanffraid-yn-Elfael, oedd y gŵr. Gweler Gomer Roberts, *Y Pêr Ganiedydd*, I, 79, 94 ac A. H. Williams yn *Bathafarn* 21 (1966), 35-6.

10 Nid Pantycelyn, wrth gwrs, oedd yr unig un i fabwysiadu'r ffurf. Fe'i ceir, er enghraifft, mewn carol gan Daniel Jones, Rhiwabon (1725?-1806) yng nghasgliad Hugh Jones, Llangwm, *Dewisol Ganiadau yr Oes Hon*, 1759, t. 126: 'Bu'r Jesu gwyn, yn colli ei waed mi ddyweuda/Ar Ben Calfaria fryn'.

11 Priodol fydd dyfynnu Griffith Thomas Roberts ar Charles Wesley, o'i erthygl yn *Yr Eurgrawn*, 130, 1 (Ionawr 1938), 29: 'Mewn dyddiau pan oedd beirdd yn canu'n ffurfiol ac yn ddienaid, rhoes ef frwdfrydedd yn

ei gerdd; pan oedd eu harddull yn gelfyddydol, ysgrifennodd ef gyda grym ac ystwythder y Beibl. Yn ei emynau ef cawn fynegiant clasurol o brofiadau'r Tadau o dan lawer amgylchiad a phob amser yn wresog gan fywyd.'

Cyhoeddwyd gyntaf yn Owen E. Evans (gol.), *Gwarchod y Gair: cyfrol goffa y Parchedig Griffith Thomas Roberts* (Dinbych, 1993), t. 161–78.

Rhyddiaith Pantycelyn

AM BOB CANT sy'n canu emynau Pantycelyn go brin fod mwy nag un neu ddau yn darllen y gweithiau rhyddiaith. Ond ynddyn nhw y mae ei brofiadau bugeiliol yn cael eu crynhoi a'i ofal manwl dros y seiadau yn cael ei amlygu. Y rhyddiaith sy'n cadarnhau a chyfiawnhau gobeithion yr adferedig, ond hefyd yn gosod allan gynllun y bywyd newydd ar y ddaear. Llyfrau sancteiddiad ac adeiladaeth foesol ydynt: llyfrau o arweiniad (*Drws y Society Profiad*) neu o ddiwinyddiaeth foesegol ymarferol (*Cyfarwyddwr Priodas*) neu o hyder diwygiadol (*Aurora Borealis: neu, Y Goleuni yn y Gogledd*).

Yn dilyn patrwm yr ail ganrif ar bymtheg y mae'r gweithiau rhyddiaith yn tueddu i fod ar ffurf naill ai llythyr neu ymddiddan, a rhaid cyfaddef nad yw enwau fel Percontator a Pheregrinus (yn *Crocodil Afon yr Aipht*) neu Afaritius, Prodigalus a Ffidelius (yn *Tri Wyr o Sodom a'r Aipht*) fawr at ein chwaeth ni heddiw. Ond fe fyddai'n drueni i allanolion fel hyn, na'r hollti blew ynglŷn â manylion heresïau hen-anghofiedig, ein dallu i rym a ffresni'r ysgrifau, neu i egni storïol rhai ohonynt ('Yr ymgais gyntaf i greu nofel mewn Cymraeg', meddai Saunders Lewis am *Tri Wyr o Sodom*).

Camp Pantycelyn oedd cyfleu dyheadau a chynhesrwydd, peryglon ac ofnau, rhyddhad a disgyblaeth y bywyd newydd mewn rhyddiaith seicolegol dreiddgar oedd weithiau'n taranu, weithiau'n anwesu. Gwrandewch ar enghraifft gymysg o addfwynder a threiddgarwch yng ngeiriau Theophilus yn *Drws y Society Profiad*:

Nid wyf fi fyth yn awyddus i daflu neb allan o gymundeb eglwys Dduw ond am achosion mawrion a diarbed […]

Ond am ryw gwympiadau disymwth, na bo gan gredadun un meddwl blaenllaw amdanynt, ond syrthio iddynt o nerth temtasiwn danllyd a ddaeth fel hurrican o gyffiniau uffern, neu fel llifeiriant diarwybod o fynyddau cig a gwaed, ni ddylid taflu allan yn frwd y cyfryw rai, ond eu ceryddu yn addfwyn.

Hyfryd ac annisgwyl hefyd yw ei dynerwch yn portreadu cefndir cariad achubol Mary a Philo yn y *Cyfarwyddwr Priodas*:

Ni eisteddasom ar dwmpath glas, ar weirglodd deg a hawddgar, tan bren poplwydden, a'i frig yn tannu trosom fel gorchudd gwyrddlas, a'i ddail yn chwarae gan awel yr hwyr, yn gwneud hyfryd fiwsic i'n clustiau. A hyn oedd yn nyddiau hyfryd Mai, pan oedd y ddaear yn arogli fel thus, myrr a chasia.

Ond camarweiniol fyddai gadael yr ysgrifau ar nodyn fel hyn. Profiad sylfaenol yr ysgrifau yw cariad achubol Crist, a'r bywyd newydd sy'n deillio o hynny, bywyd sydd i'w feithrin yng nghwmni teulu'r ffydd ac i'w fyw yn hyderus ynghanol treialon a thrafferthion yr amserau. Fel y dywed yn *Aurora Borealis*: 'Cans fel mae goleuni'r gogledd yn rowndio'r awyr, bydd yr efengyl ymhen amser i rowndio'r byd hithau [...] ac wrth edrych ar y pethau hyn [...] yr wyf yn barod i gredu bod haf gerllaw.' Neu, yng ngeiriau un o'i emynau mwyaf ysgubol:

Mi wela'r cwmwl du
    Yn awr ymron â ffoi,
A gwynt y gogledd sy
    Ychydig bach yn troi:
'N ôl tymestl fawr, daw yn y man
Ryw hyfryd hin ar f'enaid gwan.

Cyhoeddwyd gyntaf yn *Bwletin Cymdeithas Emynau Cymru* 4 / 1–2 (2008–09), 52–4.

Mynegai